La fabuleuse histoire du

Jardin à Auvers

Du même auteur,
sur la vie et l'œuvre de Vincent:

L'affaire Gachet, « l'audace des bandits »
Editions du Layeur, Paris, 1999.

Vincent avant Van Gogh, l'affaire Marijnissen
Les Impressions Nouvelles, Bruxelles, 2003
Van Gogh: Original oder Fälschung ?
- Der Streit um die Sammlung Marijnissen
Rogner und Bernhard Verlag, Hamburg, 2004

La folie Gachet – Des Van Gogh d'outre-tombe
Les Impressions Nouvelles, Paris, 2009

Quatre faux Van Gogh d'Arles parlent
Create Space, & Amazon Kindle Direct Publishing, 2014

Et Vincent s'est tu...
Create Space & Amazon Kindle Direct Publishing, 2014

A van Gogh Thrown on the Scrapheap, Un Van Gogh aux orties
Kindle Direct Publishing, 2014

En collaboration avec Hanspeter Born,
– *Die verschwundene Katze*, Echtzeit Verlag, Bâle, 2009
– *Schuffenecker's Sunflowers & Other Forged Van Goghs*
Create Space & Amazon, Kindle Direct Publishing, 2014

A paraître en 2014 :

– *By His Own Hand*

La fabuleuse histoire
du *Jardin à Auvers*

Benoit Landais

Table des matières

Avertissement

Vaguement apparenté à l'art de Vincent, enjeu de diverses querelles judiciaires le *Jardin à Auvers* a beaucoup défrayé la chronique. Le tableau est dit : « de Van Gogh ». Il y a là abus de langage. Aucune preuve susceptible d'établir que Vincent en serait l'auteur n'ayant été fournie, on doit, si l'on souhaite refléter la réalité, se borner à constater qu'il a été « attribué à Van Gogh », qu'il est considéré comme un « Van Gogh » – nous verrons par qui, quand, comment et pourquoi.

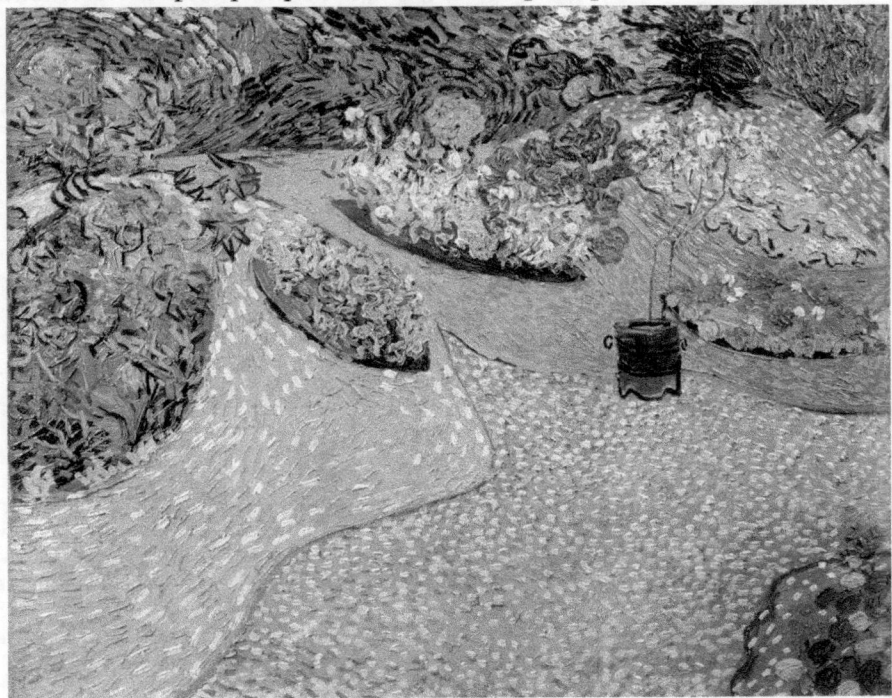

Comme c'est le cas pour l'œuvre de presque tous les artistes, certains tableaux de sa main ne sont pas reconnus pour tels, tandis que d'autres auxquels il est étranger sont réputés peints par lui. Tous les spécialistes en conviennent. Ils s'accordent généralement sur un socle fiable et admettent une zone grise à géométrie variable, de part et d'autre des frontières des catalogues.

Les tableaux retenus à tort sont parfois le fait d'un faussaire, d'autres fois il s'agit de simples méprises des spécialistes, mais dans tous les cas d'attribution abusive ce sont, au bout du compte, les experts qui ont « fait » le faux. Eux-mêmes, leurs héritiers et leurs adeptes continuent à en assurer la promotion et toute mise en doute est reçue comme une mise en cause de la compétence des experts, de tous les experts, car leur unanimité est en principe requise pour que les attributions perdurent. La confrontation est par essence radicale. En s'ouvrant, le débat sur l'authenticité d'une œuvre ferme la perspective d'une relégation en zone grise. La réponse ne saurait être que blanc ou noir, vrai ou faux.

Le degré de sérénité des discussions est en outre inversement proportionnel à la somme des intérêts susceptibles d'être bousculés. Nulle surprise donc à voir que personne ne s'est ému lorsqu'en 1910, cinq ans après sa première apparition publique le *Jardin* fut déclaré faux pour la première fois. Un puissant hourvari a en revanche salué l'annonce selon laquelle le tableau – dont l'estimation avait dépassé 300 millions de francs – pouvait être un pastiche réalisé par le peintre Emile Schuffenecker, artiste néo-impressionniste de second plan, mais l'un des tout premiers collectionneurs des œuvres de Vincent.

Avancer le nom d'Emile Schuffenecker, souvent suspecté de trafic de tableaux peints par lui et écoulés par son frère Amédée, mettait en jeu des intérêts considérables. S'ils avaient triché, il fallait reconsidérer leur vaste collection aux contours incertains qui accumule les handicaps. En marge du débat au cas par cas, elle présente une série d'anomalies statistiques inconnue ailleurs que chez les faussaires : concentration d'œuvres à l'introuvable provenance ; présence, chez eux ou dans leur cercle étroit, de tableaux en plusieurs « versions » ; qualité inégale ; signalement d'œuvres disparues ou refusées aux catalogues, présence d'œuvres absentes de la *Correspondance* de Vincent ou contredites par elle, etc.

La suspicion visant le *Jardin* dont les épisodes judiciaires faisaient le bonheur des gazettes ne devait cependant pas grand chose à la défiance diffuse à l'endroit de Schuffenecker. Peinte *de chic*, la toile était simplement sans équivalent dans l'œuvre de Vincent, atypique de son art et anachronique, combinant des éléments propres aux périodes de Paris, d'Arles et d'Auvers.

L'historique fourni par catalogue raisonné désignait, certes, Amédée Schuffenecker comme le premier propriétaire du *Jardin*, mais c'est présence dans la collection de son frère, avant son apparition, de deux toiles proches qui impliquait Emile.

Œuvre manifestement peinte d'imagination, le *Jardin* aux lignes sinueuses traversant la toile rappelle vaguement le *Souvenir du Jardin à Etten*, seul *Jardin* jamais peint par Vincent de cette *manière*.

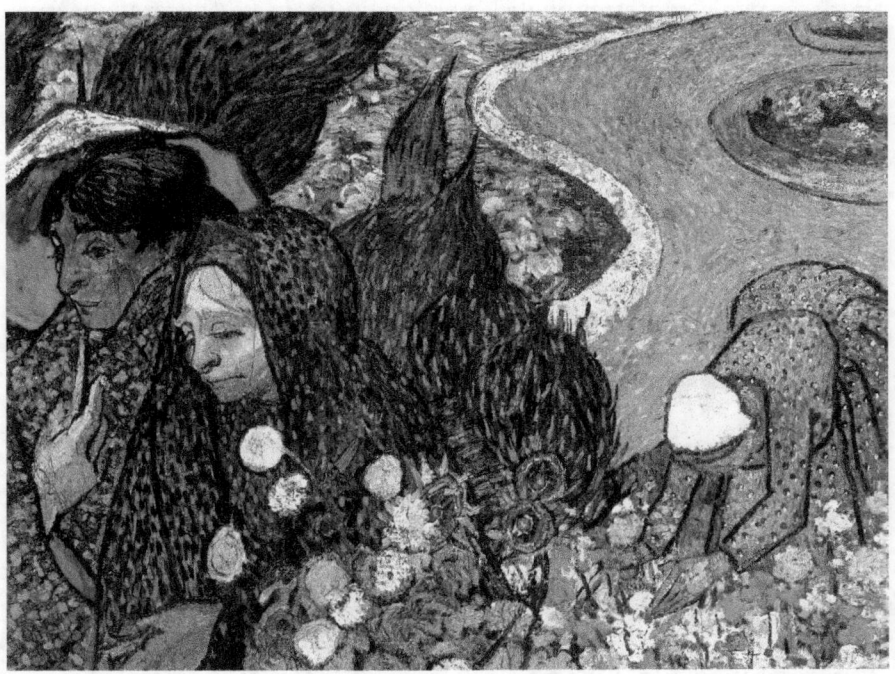

Vincent n'ayant jamais peint d'imagination que lors du séjour de Paul Gauguin venu le rejoindre en Arles fin 1888, il était logique, si on le tenait pour un Van Gogh, de le placer parmi les toiles de cette période. Lors de sa première apparition publique à Amsterdam en 1905, le *Jardin aux parterres de fleurs* fut logiquement affecté à la période d'Arles.

Sa parenté avec une version du *Jardin de Daubigny*, lieu que Vincent ne découvre qu'à son arrivée à Auvers-sur-Oise en mai 1890, contredit l'hypothèse arlésienne et impose, si on souhaite le conserver au catalogue, de le dater d'Auvers. Admis au premier catalogue en 1928, le *Jardin à Arles* prit ainsi le nom de *Jardin à Auvers*. Ce glissement négligeait cependant un obstacle insurmontable : on ne saurait admettre une peinture d'imagination à Auvers. Des raisons pratiques s'y opposent, Vincent n'y dispose pas d'atelier et la profusion de sujets neufs lui suffit, mais l'empêchement absolu est son rejet des « *abstractions* ». Ses mots sont sans appel, il a renoncé aux facilités de la « *voie charmante* » et montré l'impasse « *vite on se trouve devant un mur.* »[822]

La concentration des soupçons sur Emile Schuffenecker était renforcée par la contestation de la version du *Jardin de Daubigny* conservée à Bâle. Dénoncée comme copie depuis le début des années trente sans que l'identité de son auteur ait été percée, elle était parfois attribuée à Schuffenecker, son premier propriétaire connu.

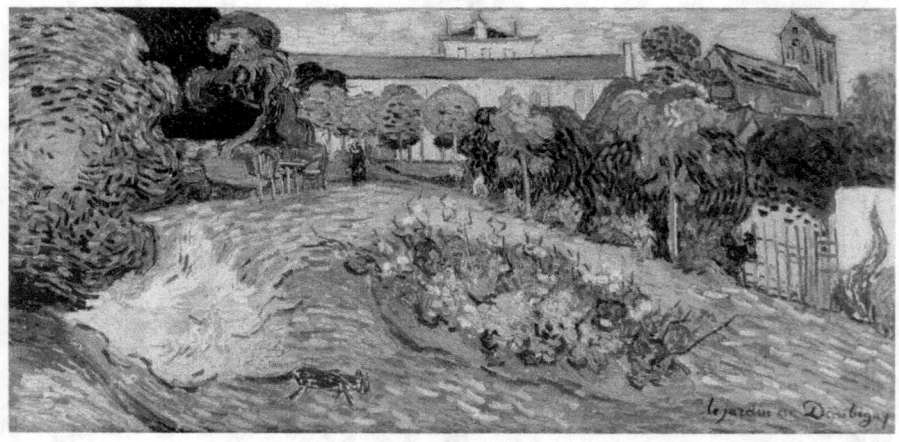

La réalisation par Vincent de la version de qualité très supérieure, conservée à Hiroshima, ne fait plus de doute depuis que la radiographie a mis en évidence le masquage du chat noir que sa dernière lettre signale.

Le *Jardin* à l'historique flou, jamais reproduit en couleurs, aurait peut-être pu continuer sa petite existence semi-confidentielle sans le refus par l'administration française d'une licence d'exportation définitive, décision qui a enclenché une série de querelles judiciaires qui l'ont placé sous le plein feu des projecteurs.

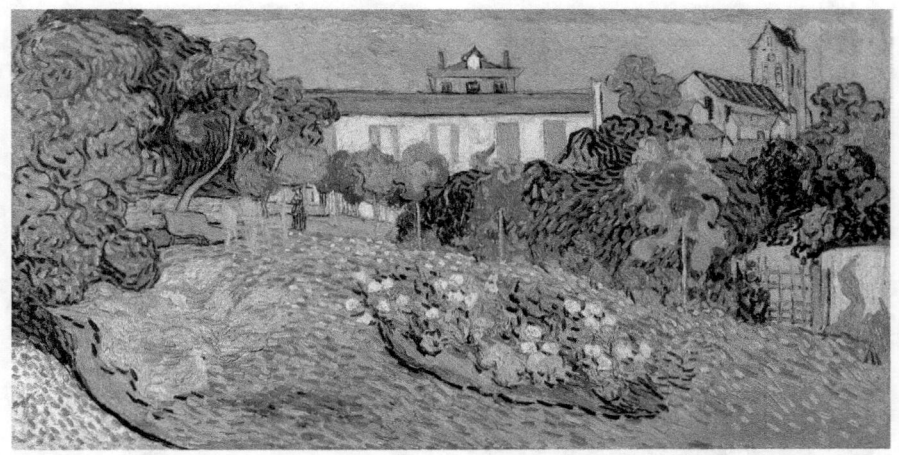

Revenu en France en 1955, le *Jardin* est interdit de sortie du territoire national en 1981, puis, en 1989, classé à l'inventaire des Monuments historiques sur proposition du musée d'Orsay qui, grâce au mécanisme des dations, pouvait espérer le récupérer sans entamer le budget annuel dévolu aux acquisitions.

Scénario catastrophe, l'inexplicable singularité du *Jardin* le rattrape. Son passé est fouillé, les arguments s'accumulent le rendant toujours plus suspect et le projet capote. Inextricable saga à la française, le tableau que certificats et conséquences judiciaires ont transformé en « Van Gogh » a empoisonné, dégâts partout, les experts, les musées, le marché, la presse et la justice pendant un quart de siècle.

Achevé en 2001, ce pamphlet, qui s'applique à démêler quelques fils, à restaurer divers faits et à retracer les épisodes les plus marquants, est inachevé. Un conservateur de musée curieux du fin mot, à qui nous avions exposé les raisons de la défaite des sceptiques et à qui l'essentiel de ces lignes avaient été soumises, nous avait supplié de les arrondir, de les rendre lisibles et de les mettre en ligne. Le courage nous a manqué pour élaguer les coups de gueule, peigner le brouillon, le mettre en forme, vérifier au mot à mot chacune des citations, y associer un appareil de notes savantes. Sorties du tiroir, ces pages restent à quelques actualisations et coups de peigne près, la chronique fâchée d'une époque fâcheuse que l'on doit espérer révolue.

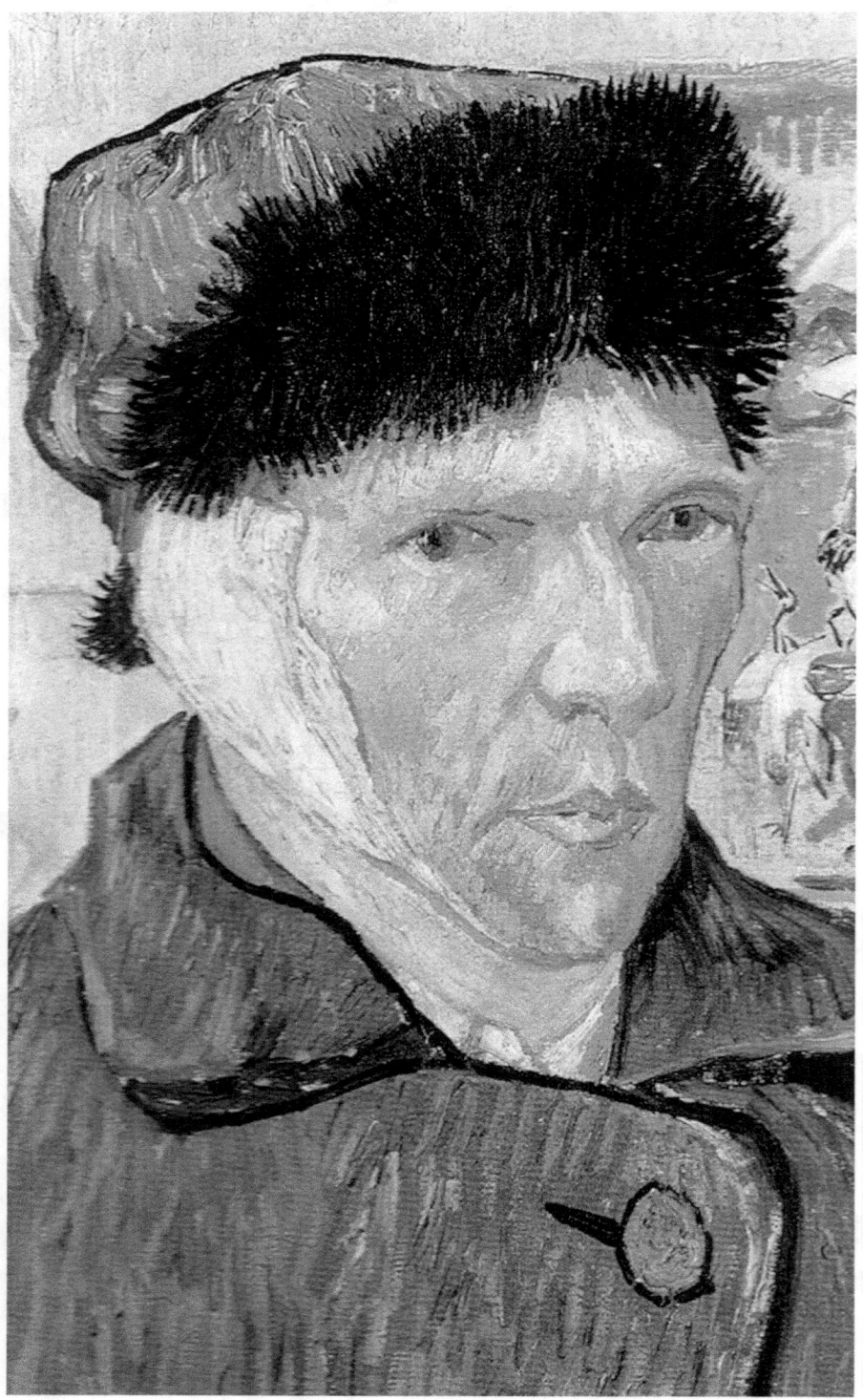

1

Prélude

Mais elle m'est si chère la vérité,
le chercher à faire vrai aussi

Vincent, 12 février 1890

...D'au... ...lui-mêm...
...
...g réer, Madame,
...us mes remerciements
bon accueil que vou...
...ait à ma lettre
...pression de mes
...ctueux hommages
E. Schuffenecker
L Rue Patule-à-Ra...

Emile

Nul ne saurait sans doute dire précisément pourquoi, avant le milieu des années 1890, Claude Emile Schuffenecker, peintre petit bras, s'est mis à plagier Vincent et quelques autres, mais les faits sont là, ce fut son sport. Il avait sans doute ses raisons.

— Qu'a-t-il peint ?

— Assez.

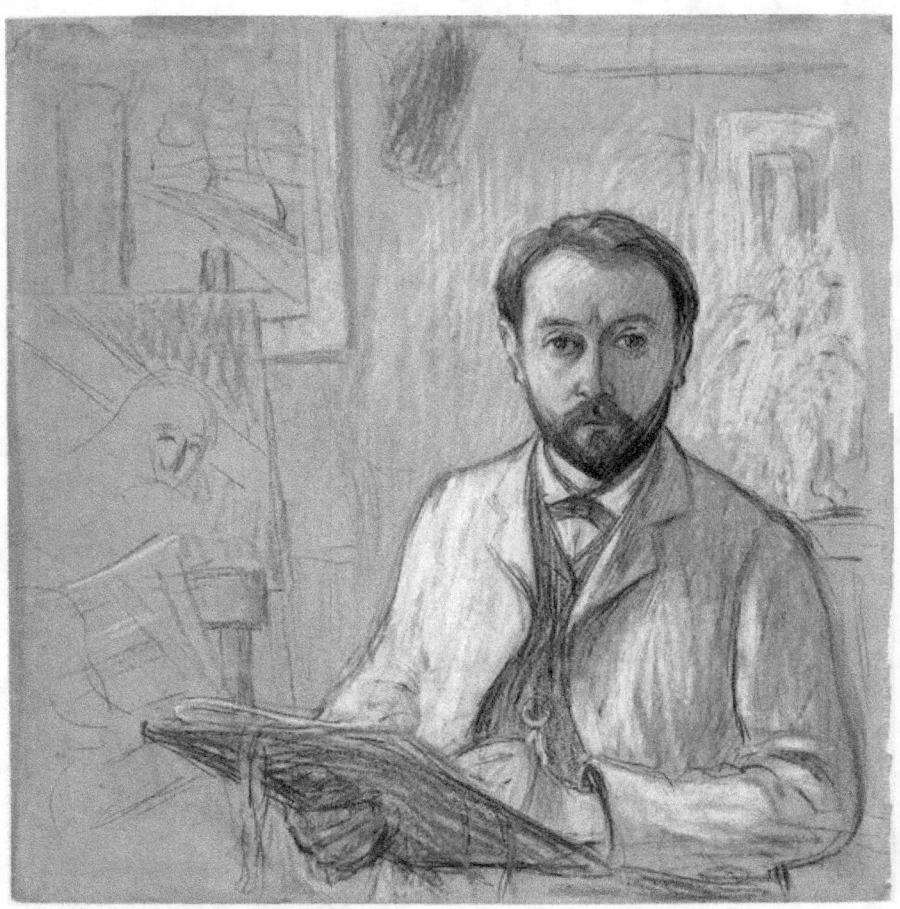

— Quand ?

— On ne sait. Tôt, en tous cas. Seules quelques toiles importent ici. Première entre ces quelques-unes, le *Jardin à Auvers*.

— Pourquoi ?

— Non plus ! Seulement qu'avant de parodier, Schuffenecker a amassé les Vincent, pris par le virus du collectionneur que lui aurait transmis Gauguin, ancien collègue à la Bourse devenu son mentor. Vieux réflexe de spéculateur devenu professeur de dessin. Va savoir ! Ou peut-être, grand sensible sans père ni repère, il prit en pleine figure ce qui aujourd'hui fait partie du patrimoine culturel : un génie de la peinture s'est coupé l'oreille à ras de la tête. Il n'a pas connu l'homme, mais il a récupéré à son retour d'Arles un Gauguin défait avec qui le supplicié avait fait jeu égal. Il fallait voir Gauguin raconter cela ! Le commissaire d'Ornano avait même cru qu'il avait tué Vincent ! Et puis, serait-ce décisif ?

Quand Schuffenecker peint, il s'inspire et, pour se trouver, il emprunte de ci, de là. Comme chacun. Mais il va faire différemment. Mieux.

En septembre 1890, Vincent est mort depuis deux mois. Theo, son frère cadet, qui a aussitôt voulu dignement montrer une sélection de ses tableaux, a essuyé le refus du marchand Durand Ruel et n'a pas trouvé d'autre salle. Il organise, dans l'appartement qu'il loue, une exposition privée. Le peintre Emile Bernard l'aide à accrocher une petite centaine d'œuvres, il peint une décoration et invite son ami le peintre Emile Schuffenecker.

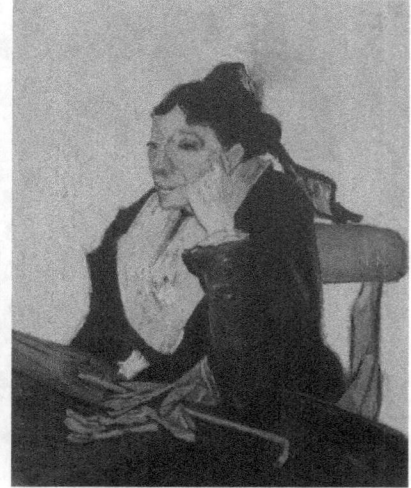

Schuffenecker est le premier à acheter. Il retient deux grandes toiles vantées par Bernard. L'une d'elles est un vestige de la rivalité des géants. Tandis que Gauguin dessinait le portrait de Marie Ginoux, Vincent sabrait en moins d'une heure une toile de 30 points : *L'Arlésienne*. Schuffenecker en peindra bientôt une copie, toujours considérée comme un Vincent et conservée au *Metropolitan Museum of Art* de New York.

Après la disparition de Theo – interné en octobre il meurt en janvier 1891, six mois après Vincent – Schuffenecker enrichira sa collection au fil des ans, jusqu'à disposer de « la plus belle » – après celle de Johanna, la veuve de Theo.

Vincent a donné, échangé, mais il n'a pas vendu. Sa cote n'a pas eu le temps de s'établir. Maintenant les choses se précisent. Les Vincent montrés à l'exposition des Artistes indépendants ont fait bonne figure. Johanna Van Gogh, la veuve de Theo qui gère la collection est retournée vivre en Hollande, mais elle va être souvent sollicitée et va maintenir des liens avec le marché de l'art parisien.

Julien Leclercq, le jeune critique talentueux du *Mercure de France* qui y a rédigé la notice nécrologique de Vincent, lui a promis de lui adresser les articles de journaux et, le 9 mars 1891, il vend un dessin, cher, très cher : 200 francs. Un autre part à Bruxelles, pour 100 francs. Six toiles sont vendues en un lot à Paris. L'année d'après, une toile sera vendue 1000 francs. La cote s'annonce, mais, jusqu'en 1904, elle sera flottante, faite de faux départs et de coups pour rien, de petits espoirs et de creux de vagues, décevant le tout petit panier des initiés qui s'étaient pris à y croire, les parieurs, quelques fidèles malgré les aléas. Chaque échéance leur paraît être la bonne.

En 1894, la mort de Julien Tanguy en est une. Le cancer a fini de ronger le vieux bonhomme et quelques amateurs sont là. Tanguy était clairvoyant et portait des lunettes. Deux portraits peints par Vincent les montrent en pochette.

Il ne savait ni lire ni écrire, sa boutique était minuscule, mais elle a vu passer dix fois ce qu'aucun musée ne rassemblera jamais, fut-ce le temps d'une exposition. Inouï père Tanguy. Mille métiers et toujours dans la mouise. « Paris 31 août 1885, Mon cher monsieur Sézanne », c'est sa fille qui tient la plume : « Je commence par vous souhaiter le bon jour et en même temps vous faire part de ma détresse ; figurez-vous que ce crétin de propriétaire vient de m'envoyer un commandement avec saisie pour les six mois d'avance que je lui dois […] sous ce pli votre compte comme vous me l'avez demandé montans à fr 4015, 40… ». Une ardoise de plus de deux ans du salaire d'un employé.

Tanguy est mort et Schuffenecker, qui possède une poignée de toiles de Vincent – et qui déjà peint au moins une œuvre exposée en 1993 comme un Van Gogh – fait le siège de sa veuve et de celle de Theo. Il leur achète, à mi-prix, deux toiles que Johanna Van Gogh avait laissées en dépôt : le *Jardin de Daubigny*, aujourd'hui à Hiroshima, et la *répétition* des *12 Tournesols*, aujourd'hui à Philadelphie, peinte par Vincent en vue d'un échange avec Gauguin : « je vous offre 300 francs pour les fleurs et 200 francs pour le paysage qui est plus petit ce qui fait 500 francs pour les deux. »

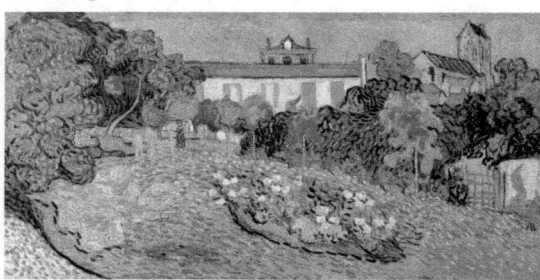

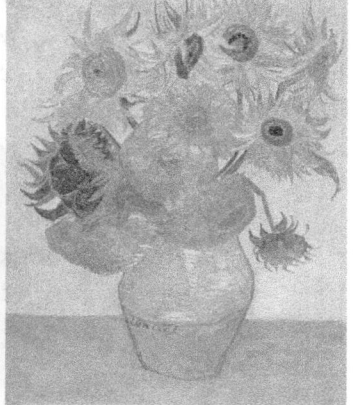

Madame Tanguy est dans le besoin. Plusieurs peintres donnent des œuvres pour une vente publique. Claude Monet, un Monet, qui sera racheté par le même Claude Monet. Les temps sont pour lui moins difficiles, mais Monet se souvient.

La succession du « père Tanguy » est vacante. Un jeune marchand débute. Ambroise Vollard cherche sa place sur le marché. Il lui faut les noms de peintres que les grandes maisons ne contrôlent pas encore. Le 12 juin 1894, la veuve Tanguy dicte à sa fille une lettre pour Dries Bonger, le frère de Johanna.

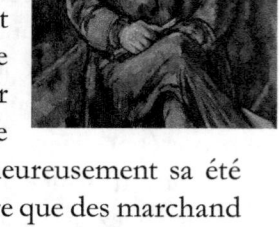

« Vous me demandez quelques détails de ma vente; Je vous dirai quel a en effet eu lieu le 2 juin mais elle n'a pas Produit cequelle aurait due Produire si sa cétaient vandu chez george petit car il y aurait eu beaucoup plus damateur qua l'hotel drouot […] car je dois vous dire que javais de très belle chose a ma vente et malheureusement sa été donné pour rien. Car il ny avaient Pour ainsi dire que des marchand de tableaux et ils setaient donné le mot entre eux Pour ne pas faire monter les Prix avec tout ce quil y avait de monde mont dit que je Pouvais grandement faire de 20 a 25 mille francs et tandis que sa na montee que quatorze mille 191 franc et jaurai dans les deux mille 500 a 3000 franc de frais il est probable et je vous dirai que les toile de Cézanne et de guillaumin ont été vendu très bon marché C'est Monsieur Vollard marchand de tableaux nouvellement établi rue laffite qui a eue tout les Cézanne et si je n'avais pas eue 4 ou 5 maitre qui mavait donne une toile Je n'aurai rien fait de ma vente. 1 claude monet s'est vendu 3000 1 cazin 2900 les Pissarro 400 les gaugain ont ete vandu très bon marché les plus cher a 100 franc mais mon cher Mr Bonger quoi que cela je suis tout de meme bien heureuse davoir été protégé par Mr Mirbeau car je serai resté avec rien nous sommes toujours rue Clauzel jusque quand je puisse finir de liquider ma marchandise. je ne trouve personne pour acheter tout ce quil me reste il nous tarde bien a nous trois d'être débarasé de la boutique ».

« Filandreux » et « retors », « caïman de la pire espèce », selon Gauguin, Vollard est de l'avis général un très grand marchand, il occupera la place que la disparition de Tanguy laisse vacante.

Deux mois plus tard, le marchand parisien Lucien Moline qui cherche à grignoter le petit espace convoité par Vollard, son voisin de boutique, écrira à Johanna Van Gogh : « Les ventes publiques donnent des résultats désastreux, l'expérience est là. Demandez plutôt à M. Mirbeau le résultat incroyable de la vente Tanguy ».[b.1311]

Vollard mise sur le tiercé gagnant : Cézanne, Vincent, Gauguin. La chance qu'il appelle lui sourit en retour. La rédaction d'un article a mis Henry Laget, correspondant arlésien du quotidien parisien *Le Journal*, « en contact avec les amis de Vincent ». Laget propose à Vollard de faire remonter les toiles offertes ou abandonnées en Arles. Seize — sur vingt-quatre connues — seront ainsi récoltées, acquises à vil prix et cédées de même, agrémenté du petit pourcentage offert à Laget pour le dédommager de sa peine.

Le 20 mars 1896, l'elliptique livre de caisse de Vollard enregistre vingt francs payés à Laget et cent-dix aux époux Ginoux, les cafetiers arlésiens amis de Vincent pour trois toiles. Parmi elles : *2 dames ss un parasol ds un jardin.*

Vincent avait abandonné à dessein son *Souvenir du Jardin à Etten* chez ses amis cafetiers, jugeant que son tableau le représentait mal. D'ordinaire, il peignait sur le motif, sur nature, pas d'imagination, mais, lorsque Gauguin l'avait rejoint à l'automne 1888, sa règle avait souffert quelques entorses. Il avait peint de mémoire l'ancien jardin de la pastorie paternelle.

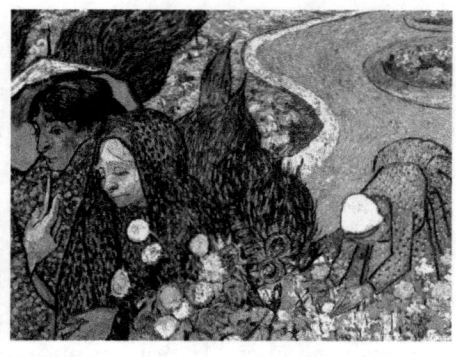

Il avait d'abord bien aimé sa toile. A la mi-novembre 1888, dans une lettre à sa sœur Willemina il l'avait décrite en termes flatteurs :

Je viens maintenant de peindre pour le mettre dans ma chambre à coucher, un souvenir du jardin à Etten et en voici un croquis. C'est une toile assez grande. Voici maintenant pour la couleur. Des deux promeneuses la plus jeune porte un châle écossais carrelé vert et orangé et un parasol rouge. La vieille a un châle violet bleu, presque noir. Mais un bouquet de dahlias jaune citron les uns, panachés roses et blancs les autres, vient éclater sur cette figure sombre. Derrière elles quelques buissons de cèdre ou de cyprès d'un vert émeraude. Derrière ces cyprès on entrevoit un parterre de choux verts pâles et rouges, bordé d'une rangée de fleurettes blanches. Le sentier sablé est orangé cru, la verdure de deux parterres de géraniums écarlates est très verte. Enfin au deuxième plan se trouve une servante vêtue de bleu qui arrange des plantes à profusion de fleurs blanches, roses, jaunes et rouges vermillon. Voilà, je sais que cela n'est peut-être guère ressemblant mais, pour moi, cela me rend le caractère poétique et le style du jardin tels que je les sens. De même supposons que ces promeneuses soient toi et notre mère, supposons alors même qu'il n'y aurait aucune, absolument aucune, ressemblance vulgaire et niaise – le choix voulu de la couleur, le violet sombre violemment taché par le citron des dahlias, me suggère la personnalité de la mère. La figure en plaid écossais carrelé orange et vert se détachant sur le vert sombre du cyprès, ce contraste encore exagéré par le parasol rouge, me donne une idée de toi comme celles des romans de Dickens, vaguement une figurée. Je ne sais si tu comprendras que l'on puisse dire de la poésie rien qu'en bien arrangeant des couleurs, comme on peut dire des choses consolantes en musique. De même des lignes bizarres, cherchées et multipliées, serpentant dans tout le tableau doivent non pas donner le jardin dans sa ressemblance vulgaire, mais nous le dessiner comme vu dans un rêve, à la fois dans le caractère et pourtant plus étrange que dans la réalité. W 9. [ca. 16 novembre 1888]

Une lettre écrite quelques semaines plus tard à Theo montre cependant que l'enthousiasme fut de courte durée :

> *Mais je ne trouve pas désagréable de chercher à travailler d'imagination, puisque cela me permet de ne pas sortir. Travailler dans la chaleur d'une étuve ne me gêne pas, mais le froid ne fait pas mon affaire comme tu sais. Seulement j'ai raté cette chose que j'ai faite du jardin à Nuenen, et je sens que pour les travaux d'imagination il faut aussi l'habitude.*[723]

Lieux bizarres et imaginaires – une lettre place son *Jardin* à Etten l'autre à Nuenen, deux des *pastories* où ses parents ont vécu – lignes bizarres ! Vincent ne peignait pas de lignes bizarres, sinueuses, serpentines, rêvées. Il n'en peindra plus qu'empêché d'aller peindre sur le motif, parfois à Saint-Rémy, jamais à Auvers… et le *Jardin à Etten* sera abandonné en Arles.

En novembre 1889 il explique en détail à Emile Bernard qu'il espère guider, pourquoi il a jugé nécessaire de renoncer à la facilité :

> « *Lorsque Gauguin était à Arles, comme tu le sais, une ou deux fois, je me suis laissé aller à une abstraction, dans La Berceuse, une Liseuse de romans, noire dans une bibliothèque jaune ; et alors l'abstraction me paraissait une voie charmante. Mais c'est terrain enchanté ça, mon bon ! et vite on se trouve devant un mur. Je ne dis pas, après toute une vie mâle de recherches, de lutte avec la nature corps à corps, on peut s'y risquer ; mais quant à moi, je ne veux pas me creuser la tête avec ces choses-là.* »[822]

Il avait au début du même mois signalé son rejet dans une lettre à son frère : « *Je crois bien que les études sinueuses du dernier envoi n'étaient pas ce que cela doit devenir.*[816]

Emile et Amédée Schuffenecker passaient souvent chez Vollard. En 1895, Emile avait été l'un des quatre ou cinq prêteurs à la première exposition « Van Gogh » organisée par le marchand. Fin 1896, début 1897, il lui confie de nouveau des toiles pour la seconde. Mais c'est toujours le creux de la vague et la nouvelle exposition sera un second échec commercial. Un acheteur cependant se présente. Vollard vend deux toiles au comte Antoine de la Rochefoucauld. Élève de peinture et grand admirateur de Schuffenecker, le comte a choisi

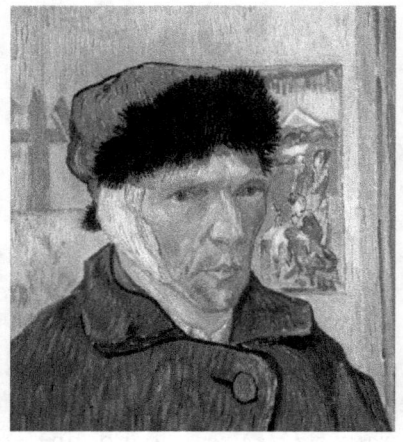
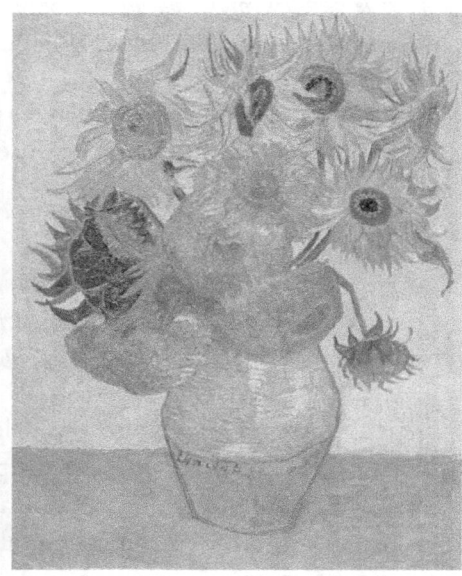

un *Portrait de Vincent*, confié par Johanna (aujourd'hui à Londres) et les *Tournesols*, aujourd'hui à Philadelphie, que Schuffenecker avait pris à la mort de Tanguy. Tout porte à croire que le comte achète sur le conseil de son mentor.

A peu près à la même époque, le *Jardin à Etten* passe chez Schuffenecker. Ce Vincent mâtiné de Gauguin, ne pouvait qu'enthousiasmer le collectionneur. Schuffenecker possède maintenant deux *Jardin*, celui de *Daubigny* et celui *d'Etten*. Il va garder celui de *Daubigny* jusqu'au 20 mars 1898 date à laquelle il est cédé à Vollard. Curieusement le vendeur enregistré n'est pas Schuffenecker, mais « Madame veuve Daubigny ». Marie Daubigny est alors morte depuis huit ans ! Nul besoin d'aller chercher si une autre veuve Daubigny aurait pu vendre. Son ancienne bru, la veuve de son fils Karl mort avant elle, n'est en aucun cas héritière et les conflits familiaux l'ont tenue à l'écart. Ressusciter une morte pour la transaction avait un but précis, donner l'illusion que le *Jardin de Daubigny* vendu lui avait appartenu.

La raison d'être du tour de passe-passe est élémentaire. Sur son lit de mort Vincent demande à Theo de remettre le tableau à Marie Daubigny. Theo adresse quelques jours plus tard un mot (perdu) annonçant le legs et reçoit aussitôt un billet (conservé) par lequel elle le remercie et dit sa surprise d'apprendre qu'elle en est devenue la propriétaire. Bientôt

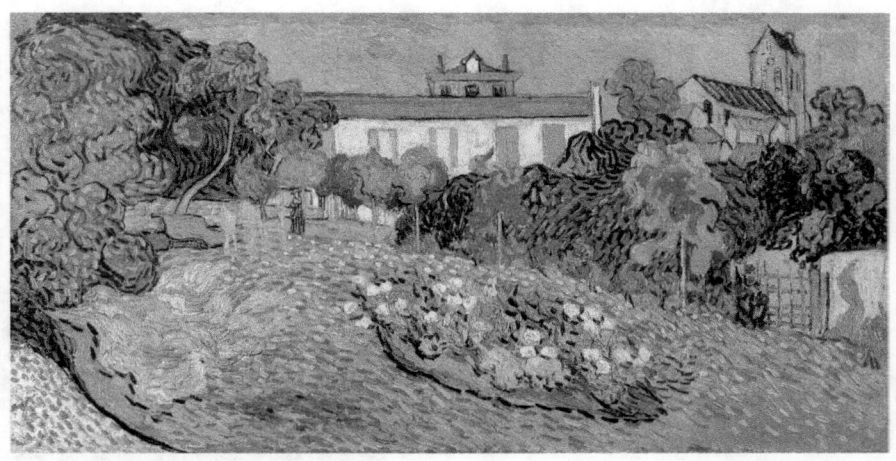

interné, Theo ne remettra pas la toile. Marie Daubigny mourra à Noël et Theo en janvier.

L'histoire de la toile au *chat noir* (que mentionne l'avant-dernière phrase de la dernière lettre de Vincent) récurrent porte-malheur associé à trois décès – quatre avec celui de Tanguy – s'oublie mal. La mettre à profit est l'enfance du grand art pour illusionniste ou pour quelqu'un qui comme Schuffenecker redoute l'envoûtement. En vendant le *Jardin* sous un autre nom, Schuffenecker conserve la provenance « Tanguy » qu'il peut affecter à la copie qu'il a pris le soin de réaliser. Le procédé est simple et redoutablement efficace. Incrédules, plusieurs spécialistes défendent *mordicus*, puisque c'est écrit, que la morte a vendu. Et des fustiger ceux qui se défient des miracles.

L'enseignement est autre. Seul à avoir jamais simultanément détenu les deux *Jardin* indispensables à la confection du *Jardin à Auvers*, Schuffenecker est l'auteur désigné du pastiche. La fourchette est de quatre ans : au plus tôt en 1896 après l'acquisition du *Jardin à Etten,* au plus tard en 1900, nous verrons pourquoi.

Julien

L'abandon par Vollard de tout projet de commercialisation des Vincent après l'échec de sa seconde exposition « Van Gogh » qui montrait fin 1896, début 1897 plus de cent toiles pour l'essentiel prêtées par Johanna Van Gogh, va réveiller l'ardeur de Julien Leclercq.

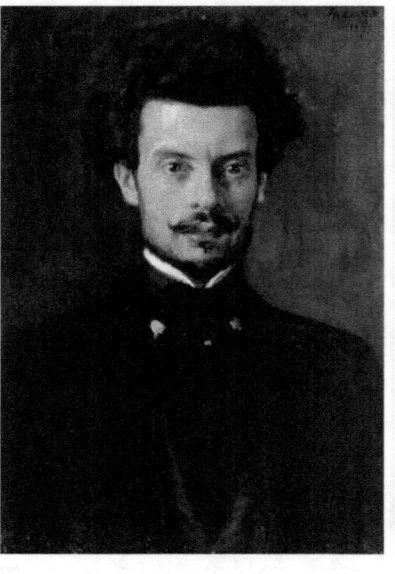

Brillant critique, chroniqueur au *Mercure de France*, le touche à tout que Johanna avait remercié de son entremise en lui offrant un petit dessin en 1891, vire marchand en chambre. Il a une ambition: « s'occuper beaucoup des œuvres de Vincent ». Il va bientôt l'écrire, et agir…

Un an après l'exposition Vollard, Schuffenecker reçoit une lettre de Leclercq. Il se connaissent bien. En 1893 Leclercq lui a emprunté pour l'exposition des *Hommes du Prochain siècle* qu'il organise à la Galerie Le Barc de Boutteville un tableau aujourd'hui célébrissime : le *Portrait de Van Gogh à l'oreille bandée*. Le tableau est considéré à tort comme un autoportrait, ce n'est pourtant qu'une mauvaise réplique du portrait conservé au *Courtauld Institute* de Londres que Vincent avait peint après sa mutilation.[1]

Leclercq a monté une petite exposition itinérante pour promouvoir l'art français qu'il montre en Europe du Nord. Il a besoin de l'entremise de son ami pour étoffer le lot des toiles qu'il présente. Le mot qu'il lui adresse le 1er janvier 1898 à la veille de l'ouverture a tout d'un ordre :

---

1. Voir *Schuffenecker's Sunflowers* et *Quatre faux Van Gogh d'Arles parlent*

Vite, à la réception de cette lettre, écrivez à Mme Van Gogh pour lui demander d'expédier immédiatement 2 ou 3 des plus beaux paysages de Vincent (la promenade des Arlésiens de je ne sais quel jardin à Arles entre autres) à M. C.W. Blomqvist, Konsthandel+, 95 Carl Johansgade à Kristiania pour que nous puissions dans la dernière quinzaine de l'exposition exposer ici ces tableaux, qui seront exposés aussi à Stockholm, à Helsingfors et à Berlin, qu'elle les envoie par colis postal, c'est à dire roulés par conséquent. Nous paierons le port et les mettrons sur châssis et en cadres ici-même. Dîtes-lui que je suis l'organisateur de ces expositions, que les œuvres sont assurées, que la maison Blomquist prend 25% sur la vente et qu'il n'y a rien à craindre. De Berlin les toiles lui seront réexpédiées le 1er mai, franco.

Faites vite. L'Exposition ouvre aujourd'hui à Kristiania, très bon ensemble. Bien à vous, Julien Leclercq, à Lyan Christiania (Norvège) Bonne Année ! [b.1535]

L'histoire ne dit pas ce qui autorise ce mot abrupt du « drôle », « toujours à vivre aux crochets de quelqu'un » que Gauguin avait vu. Leclercq semble tout persuadé que Schuffenecker n'a que le choix d'obtempérer, comme s'il le tenait. Schuffenecker obéit et intercède. Johanna l'interroge en retour sur le sérieux de Leclercq. Schuffenecker répond maladroitement, mais cautionne. Rassurée, la veuve de Theo envoie trois toiles à Leclercq qui les réexpédiera de Berlin le 17 juin 1898, après avoir « failli vendre ».

Un an et demi plus tard, la perspective de l'Exposition universelle de 1900 donne à Leclercq l'idée de mettre à profit les contacts noués lors de son exposition itinérante. Le 14 mars 1900, il sollicite Johanna :

« Puisque l'exposition universelle va nous ramener à Paris tous ceux capables d'apprécier les choses d'art, il me serait très agréable d'avoir chez moi quelques belles peintures de Vincent afin de les montrer aux nombreux étrangers que je connais qui viendront me voir. J'espère en vendre et je ferai tout le possible pour cela. Je vous serais donc très reconnaissant de m'envoyer en petite vitesse cinq ou six œuvres importantes, que je pourrais garder pendant six mois. [...] Je vous demande six toiles, mais vous pouvez m'en adresser davantage, j'en serais très heureux, car j'ai l'intention de beaucoup m'occuper de Vincent »._{b.4127}

En tête des thèmes choisis, celui du jardin : « Je voudrais avoir le *Jardin à ciel jaune*, si admirable et que vous m'aviez marqué au prix fort de de 1200 francs, et le *Jardin à Arles* de 800 F. » La fibre marchande est romantique. Lucien Moline souhaitait que Johanna lui expédie « un tableau de Fleurs joli », Vollard réclamait « de préférence des fleurs », Leclercq chérit les jardins.

Le 14 juin, il accuse réception : « J'ai reçu hier soir de la Gare du Nord les huit tableaux de Vincent. Ils sont fort beaux et je vais me mettre en quête immédiatement pour les vendre »._{b.5740}

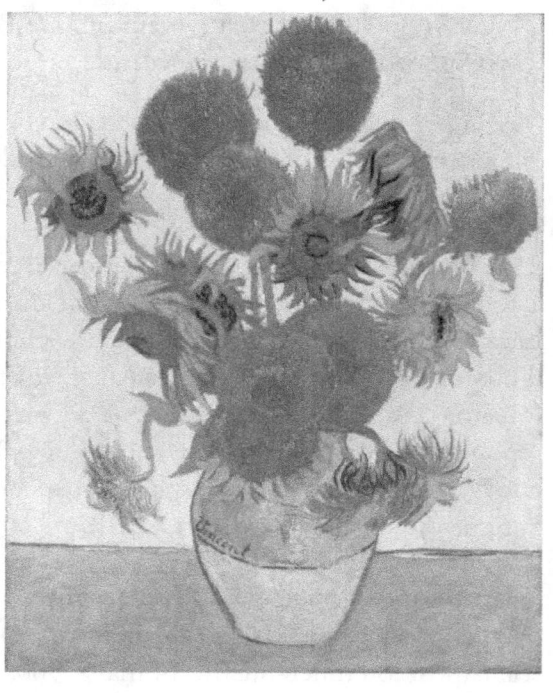

Parmi eux, la répétition des *14 Tournesols* peinte par Vincent pour Gauguin, aujourd'hui conservée à la *National Gallery* de Londres.

Le 9 août, Leclercq se re-qualifie et précise ses intentions : « J'ai l'intention, si vous le permettez, de m'occuper beaucoup des œuvres de Vincent dont j'ai été avec Aurier – en dehors du monde de quelques peintres – un des premiers admirateurs et pour qui j'ai gardé une préférence »._{b.5741} Le *monde de quelques peintres* inclut au premier chef Schuffenecker avec qui Leclercq est associé. Déjà moitié marchand, adossé à du répondant, Schuffenecker achète, vend et fabrique… en chambre. Il a rêvé d'être Vincent, Cézanne ou Gauguin, plus modestement il enseigne le dessin au lycée de Vanves.

La hausse de cote semble aussi inéluctable qu'imminente et Leclercq dessine le levier susceptible d'enclencher le mécanisme : « décider un grand marchand à faire cet automne une exposition d'œuvres de

Vincent ». Commissionné ou défrayé, Leclercq n'a pas choisi, il tâte le terrain. Peut-être pourrait-il même acquérir personnellement « de petits paysages que vous pourriez laisser dans les 400 ou 500 francs ». Pour l'heure, l'idée d'une exposition Van Gogh l'accapare. Il rend visite à Johanna pour choisir, en discuter le principe et en fixer les modalités. Il parle bien, elle se laisse fléchir durant la visite, mais, sitôt son départ, elle se ravise et expédie un télégramme pour dire qu'elle renonce. Le critique reprend sa belle plume et, le 12 octobre 1900, rédige un long plaidoyer l'invitant à revenir sur son refus.

La réponse tarde. Elle ne viendra pas. Leclercq révise sa tactique. Après l'exposition il risque d'être trop tard pour acheter à bon compte. Il l'avait laissé entendre dans sa lettre du 12 octobre : « Vous disiez une chose très juste : il sera difficile pendant la durée de l'exposition d'augmenter les prix en cas de succès. Mais nous pouvons décider que nous ne vendrons à cette exposition que 8 ou 10 toiles par exemple ». Il va acheter. Il a persuadé Schuffenecker et les deux amis vont acheter tout en laissant croire à Johanna que l'exposition ne se tiendra sans doute pas. Sa lettre du 25 novembre dit :

> « Je suis donc obligé de renoncer à mon projet si vous n'êtes pas décidée pour le 15 février. Malgré mes démarches auprès de divers amateurs, je n'ai pu leur vendre, mais par contre, notre ami Schuffenecker, qui admire Vincent toujours davantage et qui est venu chez moi voir souvent les toiles que vous m'avez confiées se montre désireux d'augmenter sa collection. Il vient de faire un petit héritage, dispose donc d'un peu d'argent et, après avoir hésité devant l'augmentation des prix des œuvres de Vincent, est décidé à en acheter plusieurs. Moi, de mon côté, devant les espérances que me permettent ma situation nouvelle, j'en achèterai deux ».b.4130

Le « petit héritage » est une fiction, mais il aura – le règlement des ces choses est toujours si lent – l'avantage de fournir une excuse pour différer le paiement. Régler est toujours pénible pour Schuffenecker, il oublie les échéances, de préférence pour de bon, c'est comme un tic qu'il a. L'objectif de Leclercq et de Schuffenecker est d'organiser une exposition sur mesure, d'y vendre et de ne régler leurs achats qu'ensuite… avec le produit des ventes. Vingt-huit des soixante-trois toiles exposées appartiendront aux frères Schuffenecker ou à Leclercq. Huit d'entre elles, appartenant à Schuffenecker, et que Leclercq dira « à vendre », figureront au catalogue sans nom de propriétaire. Schuffenecker doit rester discret, en retrait.

L'achat est conséquent, des années d'un salaire moyen : « Schuffenecker parle d'en acheter huit – c'est le maximum pour lui de son argent disponible – si vous voulez aussi me laisser les soleils, je veux dire les *Tournesols* à 1000 francs, j'achèterais je crois celui-là et la Promenade publique, également à 1000 f. qui est le prix que vous avez vous-même indiqué. […] 8 pour lui et 2 pour moi cela fait 10 et je n'en ai que huit… »_b.4130_

Magnanime, Johanna, qui n'a jamais connu pareille aubaine, en enverra dix. Les deux amis feront rapidement leur choix. Les toiles appelées mais non élues sont bientôt prêtes à reprendre le chemin de la Hollande. Leclercq l'écrit le 28 décembre 1900 : « Je vous renvoie demain samedi, en grande vitesse, les cinq toiles suivantes… » Les cinq toiles réexpédiées regagneront la Hollande fin janvier : « Je les ai remises au chemin de fer tout au commencement de janvier pour la grande vitesse et le transport ne devait pas demander plus de quatre à cinq jours. Je ne comprends pas »_b.4130_

La sixième et dernière toile appartenant à Johanna manque. Les *Tournesols* sont retenus à Paris. Consignés. Leclercq les aime beaucoup, il aurait aimé les acquérir, mais ni lui, ni Schuffenecker ne les ont finalement choisis. Ils ont eu une meilleure idée. Schuffenecker va les copier. Officiellement, non. La rétention est pour le bien de l'œuvre, une revalidation après de mauvais traitements infligés. C'est bien sûr un prétexte, une autre toile « abîmée » a été retournée. Johanna peut cependant difficilement protester, c'est elle la coupable. Peu avertie, elle a roulé les œuvres envoyées en juin, la peinture en dedans.

Le tableau a besoin des soins attentifs d'un restaurateur. Leclercq va en sortir un de son chapeau. Il va scinder Schuffenecker en deux. D'un côté l'amateur collectionneur, « Schuffenecker voudrait choisir parmi un plus grand nombre », de l'autre « le réparateur ». Étant préférable que Johanna ignore que Schuffenecker s'affaire sur le tableau dont il va bientôt posséder copie, Leclercq va multiplier les formules pour qu'elle se figure que un vaut deux : « notre ami Schuffenecker […] Schuffenecker, mon ami,[…] Schuffenecker parle […] nous […] Pour les *Tournesols*, le restaurateur m'a dit qu'il fallait compter au moins 200 f pour changer la toile et fixer la peinture qui se décolle. […] Schuffenecker voudrait […] pourrait plaire à Schuffenecker, […] Schuffenecker et les miens […] comme Schuffenecker… » Ou ailleurs : « Schuffenecker le premier […] Le réparateur se livre sur eux à un travail sans danger mais très minutieux et très long il […] et il […]. Je n'ai pas vu Schuffenecker… »b.4133

La lourde insistance ne sert de rien et la peine est perdue. Judith Gérard, peintre, voisine de Leclercq, qui n'imagine qu'un dixième de la malversation dont elle est le témoin occasionnel – mais irrécusable – a vu que le réparateur était Schuffenecker, l'habitué. Elle le consignera dans ses souvenirs rédigés un demi siècle plus tard :

> «Les toiles avaient été roulées, la peinture en dedans, par des mains inexpertes et elles s'écaillaient par endroits. Leclercq eut recours à un technicien : il fit appel à Emile Schuffenecker, professeur de dessin dans les écoles de la Ville qui venait chaque jour moyennant une modeste rétribution et muni d'une grosse boite à couleurs, mastiquer les trous et recoller les écailles » [Archives Danielsson]

Évidemment pour les parrains de Schuffenecker, Judith Gérard est folle, elle fabule, elle a du parti pris contre Leclercq qui cherchait à la détourner à la sortie du lycée, elle n'aime pas Schuffenecker. Leur écran de fumée les dispense de la citer.

La lettre de Leclercq du 16 février 1901 en devient presque drôle :

> « Les *Tournesols* ne peuvent pas être rentoilés. Le réparateur se livre sur eux à un travail sans danger mais très minutieux et très long : il injecte avec une petite seringue de la colle sous les parties qui se décollent [détachent] et il attend qu'un coin sèche bien pour en reprendre un autre. […] Je n'ai pas vu Schuffenecker depuis 15 jours. Il a été alité. Il m'a fait cependant savoir qu'il allait d'un jour à l'autre toucher l'argent qu'il attend et me remettre aussitôt ce qu'il vous doit ». b.4133

La lettre livre incidemment à Johanna une étrange nouvelle : « Nous avons déjà 3 *Tournesols* (un à Schuffenecker, un à Mirbeau et un au comte de Larochefoucaud) ».b.4134 Tel est le très officiel bulletin de naissance de la copie des *Tournesols* qui, sous couvert de « Van Gogh », fera de Schuffenecker le peintre le plus cher du monde en 1987.

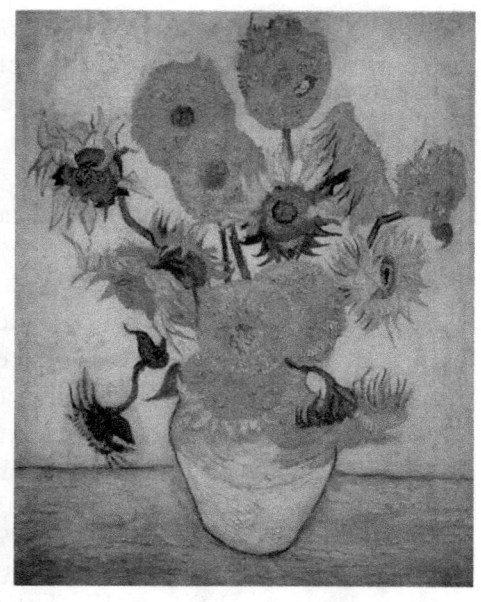

Ainsi que l'achat massif conjoint l'augurait Leclercq n'a nullement renoncé à son projet. Son exposition est sur les rails. Le prestigieux marchand Bernheim-Jeune va l'accueillir dans ses locaux, 8 rue Laffitte à Paris. C'est, à l'époque, dans cette rue que toutes les cotes se négocient. L'exposition chez Bernheim va permettre de munir la copie de *Tournesols* d'un passé avant même que d'être sèche. Leclercq était un jeune homme pressé. Comme s'il avait su la vie brève.

L'entourloupe est un simple tour de passe-passe : montrer l'un en donnant à croire qu'il s'agit de l'autre. Officiellement, pour Johanna, ses *Tournesols* sont devenus d'intérêt médiocre : « il n'est pas bien nécessaire d'exposer celui-là ». Johanna insisterait-elle que la chose ne pourrait pas davantage se faire, la toile est indisponible : « Les *Tournesols* sont toujours chez le restaurateur. Comme c'est un homme habile, il est fort occupé et nous avons dû attendre notre tour. On me les promet pour le 25 [mars] ». Le singulier glissement du pluriel de majesté de *notre tour* à *on, me les promet* est amusant pour qui est averti du témoignage de Judith. Schuffenecker est à la fois habile et occupé, nous et on. Habiles, nous souhaitons vous donner l'illusion que nous n'exposerons votre toile que dans dix jours…

Le catalogue dira que le *Bouquet de 14 Tournesols* exposé appartient à Schuffenecker. Un catalogue l'a dit, la croyance peut naître. Chacun ses bibles. Au sortir du Guignol les enfants têtus jurent que les bâtons étaient pour de vrai, ils les ont vus ! Il n'y a rien à tenter pour les détromper. Expliquons aux autres. Quand il y a un vrai sec et un faux pas sec on montre le sec. Quand il y a un vrai et un faux il n'est pas bien nécessaire de montrer le faux pas sec, sauf si on tient à se faire prendre. Quand il y a un vrai et un faux, il faut fournir des papiers au faux et on emprunte ceux du vrai sec, en disant que le faux pas sec a été exposé.

Les *Tournesols* montrés étaient ceux de Johanna. Les explications qu'accumule Leclercq se contredisent, les petits faits vrais qu'il invente, autant de perles de qu'il enfile, font luire le fil blanc qui coud sa fable. Il est inattentif lorsqu'il parle des *Tournesols* comme il parle des *Astres*, nuit étoilée qu'il va retourner à Johanna : « J'envoie donc tout de même *Les Astres* à l'exposition en les mettant à vendre. [...] je vous demande de vous régler après l'exposition, en vous renvoyant les deux tableaux ou l'argent de leur vente ». Pour espérer vendre, il faut au moins savoir qu'on peut – qu'on va – montrer. Mais il préférait que Johanna croie autre chose... Le délai qu'il réclame pour différer le retour des *Tournesols* : « Avant de vous le renvoyer, je ferai la tournée des amateurs et je verrai ceux qui, à l'exposition, se seront montrés admirateurs de Vincent » n'a pas de sens si la toile n'est pas montrée. Il ne peut avoir « à payer la restauration » d'une toile toujours restée chez lui.

Hormis ces petites maladresses, toutes les précautions avaient été prises – « Le catalogue contient beaucoup de fautes. Mon absence m'a empêché d'en surveiller l'impression » – jusqu'au flou des étiquettes qui surprendra un critique néerlandais connaissant visiblement mal Paris... et ses tours ! L'affaire est sans risque. Au pire, si elle tournait vinaigre, Schuffenecker et Leclercq pourraient racheter la toile. Pour le cas bien improbable – mais sait-on ? – où un œil averti identifierait par la suite les *Tournesols* exposés comme étant ceux de Johanna, Leclercq ajoute, dans sa lettre du 29 mars 1901, une subtile *finishing touch*, la réalisation de sa prophétie du 15 mars :

> « Les *Tournesols* sont exposés depuis deux jours. Puisque vous en vouliez 1800 f net pour vous, il faut les mettre à 2400 ce qui fait 25% pour le vendeur. Mais je ne crois pas qu'on les vende... »[b.4140]

Pour ne pas croire qu'on va les vendre, il faut savoir qu'on ne les a pas vendus et les avoir exposés depuis plus de deux jours. Si « avant-hier » n'était pas il y a quinze jours, si Leclercq n'enchevêtrait pas réalité et imaginaire, il aurait dû écrire : « Il a fallu » les mettre à 2400 et non : « il faut ». Mais qui sait lire ? Quand on dispose d'un vrai et un faux, on ne les montre pas ensemble. Quand il y a une exposition dans une galerie aussi sérieuse que Bernheim l'est à l'époque, on ne vient pas accrocher un doublon pour trois jours... mais on peut chercher à en donner l'illusion à une personne mal avertie des usages.

L'excuse du réparateur lambin qu'il fallait attendre étant devenue caduque, par contrecoup de la malice avec l'exposition de dernière minute, Leclercq doit façonner un nouveau prétexte, faute duquel Johanna va immanquablement réclamer sa toile remise à neuf. L'inconvénient, le tort, serait d'envergure pour Leclercq et Schuffenecker. Être dessaisis du contrôle de l'original ferait courir le risque qu'il croise inopinément un jour ou l'autre la réplique. Cette éventualité fâcheuse pourrait devenir dommageable pour la « version » la moins sèche et constituer une entrave à la liberté du commerce d'art.

Le nouveau stratagème conçu par Leclercq est un artifice usuel pour obtenir le silence des plaideurs – Leclercq a une fille en bas âge –, donner un hochet. Il va mettre entre les mains de Johanna une toile servant de dépôt de garantie. Affable, mais menaçant tout de même d'une amende de cinquante francs en cas de refus d'obtempérer, sa lettre du 5 avril, propose à Johanna « un échange » contre sa toile, hier encore melliflue :

> « Avant l'exposition, mais trop tard pour changer au catalogue, j'avais acheté le *Jardin de Daubigny* aux Bernheim. C'est une des plus belles œuvres qu'il ait fait à Auvers, mais comme il en existe deux exemplaires et que je peux voir l'autre quand je veux chez Schuffenecker, j'aimerais cependant mieux posséder les *Tournesols* qui, sans être aussi beaux que ceux de Mirbeau et ceux de Schuffenecker, sont cependant différents. Je vous demande donc si vous voulez bien accepter 300 francs et le *Jardin de Daubigny* pour les *Tournesols*. Dans ce cas-là, je garderai à ma charge les frais de restauration de cette toile qui sont de 50 fr. Il a fallu remettre un peu de couleur aux endroits du fond qui étaient tombés, mais cela a été bien fait et il y faut faire grande attention pour s'en apercevoir. On ne pouvait pas faire autrement ».

Dans sa réponse, Johanna dit sa surprise. Elle ignorait que le *Jardin de Daubigny* existât en double exemplaire. Leclercq lui fournit en retour les deux provenances irréprochables que la résurrection de Marie Daubigny avait permis de combiner et annonce qu'il a précipité son envoi :

« Je croyais que vous connaissiez la *Maison de Daubigny*. Vincent a fait deux fois ce sujet. Il a donné une toile à Auvers, à la famille Daubigny ; la seconde, toute pareille ou à peu près, a été achetée chez Tanguy par Schuffenecker. C'est la première que j'ai, celle qui a appartenu à la famille Daubigny et qui a passé chez Vollard, puis dans une collection privée vendue après décès, puis chez Bernheim, puis enfin qui se trouve entre mes mains. Il me semble qu'il serait préférable que ces deux toiles ne se trouvent pas en France, mais une en Hollande. Je n'ai pas songé à cela en l'achetant parce que je me suis laissé aller à toute mon admiration pour l'éclat et la fraîcheur de sa couleur. Rien n'est plus facile que de vous montrer ce tableau. Je vous l'ai expédié ce matin avec les Astres dans une bonne caisse bien faite et pratique. Vous pourrez donc juger et, en tout cas, cela vous fera plaisir de voir un Vincent que vous ne connaissez pas. J'espère que vous recevrez la caisse dans cinq ou six jours. Si vous ne vous vous décidez pas aux conditions que je vous ai offertes, pour l'échange contre les Tournesols, je vous offrirai alors un échange simple contre une toile de la même qualité que cette Maison de Daubigny ».b.4142

Pauvre Johanna ! Comment pourrait-elle suivre l'adepte d'ésotérisme, de magie et de passe-passe en tout genre ? Leclercq l'a jaugée, il sait quelles couleuvres il peut lui faire avaler. Le critique, qui connaît tout et chacun sur la place de Paris, lui en impose et il la mystifie sans vergogne. Il n'y a pas de vente après décès. Stschukine qui mettait la toile de Vincent en vente sous la pression de ses créanciers le 24 mars en 1900 l'a lui-même rachetée et est bien vivant. Il n'y a pas de vente après décès, mais l'invocation de la mort suffit à retenir les velléités de recherche.

Un seul grand *Jardin de Daubigny* vient de Vincent qui l'a dit unique dans sa dernière lettre : « *une de mes toiles les plus voulues* ». On le retrouve dans l'inventaire dressé à l'internement de Theo, puisqu'il n'a pas été donné. On le voit en dépôt chez Tanguy confié à une exposition montée par Bernard en 1892, identifié par les commentaires des critiques, vendu à Schuffenecker en 1894 (donc la toile de l'inventaire), revendu à Vollard en 1898 sous le nom emprunté d'une morte, vendu à Stschukine mis en vente le 24 mars 1900, (photographié) et racheté par le même avant d'être confié aux Bernheim et racheté par Leclercq. Jamais deux, si l'on fait abstraction de la copie de et chez Schuffenecker ! Quand en

1934 les deux toiles seront exposées côte à côte à la *Nationalegalerie* de Berlin afin que les experts tranchent la dispute sur le *Jardin de Daubigny,* tous conviennent que les deux ne sont pas de la même main. Le fils de Theo évoquera encore en 1949 ceux, parmi lesquels il se comptait, qui refusaient deux versions authentiques en notant « et ils sont nombreux ».

La toile que Leclercq prétend avoir expédiée le matin même *dans une bonne caisse bien faite et pratique,* n'est évidemment pas le *Jardin de Daubigny* de Vincent qu'il a racheté aux Bernheim. Son chapelet de mensonges n'est pas une manie, l'homme a un but, le but ultime du faussaire : pourrir la collection mère. Son intention est d'envoyer la copie peinte par Schuffenecker. Celui qu'il avait acheté devait rester en France, il avait été promis à Gustave Fayet.

Les amateurs d'éxégèse auront compris à première lecture que la caisse n'est pas partie. Les lecteurs attentifs auront vu combien Leclercq se contredit écrivant trois fois que sa caisse est partie, mais en parsemant sa lettre de formules indiquant qu'elle est toujours chez lui. *Il faut bonne mémoire après qu'on a menti* et l'esprit clair pour bien mentir. Si la caisse avait été envoyée, elle ne serait plus « entre ses mains ». Quand on n'a plus, on peut écrire « celle que j'ai ». On n'écrit pas non plus : « il me semble qu'il serait préférable que ces deux toiles ne se trouvent pas en France, mais une en Hollande », si l'une est en transit. On écrit « il m'a semblé

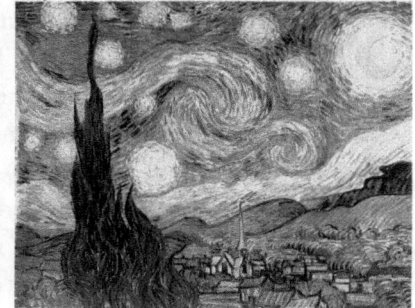

préférable… ». La compagnie des chemins de fer ne faisant pas crédit, on n'écrit pas : « Je paierai les frais de transport y compris ceux de la caisse partie aujourd'hui. » si on a réglé de sa poche le matin même ceux de la caisse. Le débiteur de boniment se trompe souvent sur les temps, celui qui décrit la réalité, jamais.

L'homme qui a habillé deux toiles en déchirant le manteau de Saint Martin d'une provenance unique et menti avec un bel aplomb en disant sa caisse partie était trop pressé d'empêcher Johanna de refuser son envoi. Il va bien envoyer sa caisse, les *Astres* retournent chez elle, mais il s'est donné beaucoup de mal pour rien : il ne va pas envoyer de *Jardin de Daubigny*, ni le vrai qu'il détient, ni le faux, la copie par Schuffecker qu'il n'avait pas osé montrer chez Bernheim tant l'original de Vincent que les Bernheim montraient l'eut écrasé.

Les deux toiles restent à Paris. Toutes deux vont être agrandies par Schuffenecker qui ajoute une bande de plusieurs centimètres au sommet

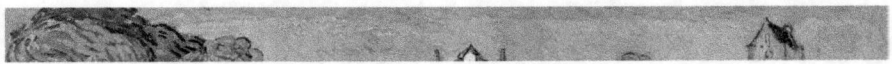

de chacune – la toile de Vincent se distinguait trop facilement avec le toit de l'église touchant le cadre. Schuffenecker fait aussi disparaître le chat de la toile de Vincent, le recouvrant d'herbe. Il utilise des pigments différents de ceux de Vincent, son rouge demeure vif tandis que celui de Vincent, de l'éosine, a aujourd'hui tout à fait disparu rendant la retouche manifeste. Les bandes ajoutées au sommet aujourd'hui hurlent.

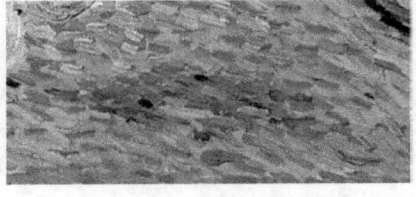

Judith Gérard, *Le crime de Julien Leclercq*, 1951.
« Sur la pelouse du jardin d'Auvers [Jardin de Daubigny] il y avait un chat : « Ce chat est mal dessiné » avaient-ils décidé d'un commun accord, mais Schuff [Emile Schuffenecker] n'étant pas animalier se contente de barbouiller le chat d'un peu d'herbe verte. »

Sitôt la toile de Vincent sèche, Leclercq la vend à Gustave Fayet, conservateur du musée de Béziers. L'autre retourne chez Schuffenecker qui parviendra à la faire gober au critique allemand Julius Meier-Graefe deux ans plus tard.

L'avantage de la disparition du chat (entre l'achat par Leclercq fin mars 1901 et sa vente le 15 juin) et a un sens précis. Vincent a peint un chat dans sa toile, l'a mis dans son croquis et l'a signalé dans son commentaire.

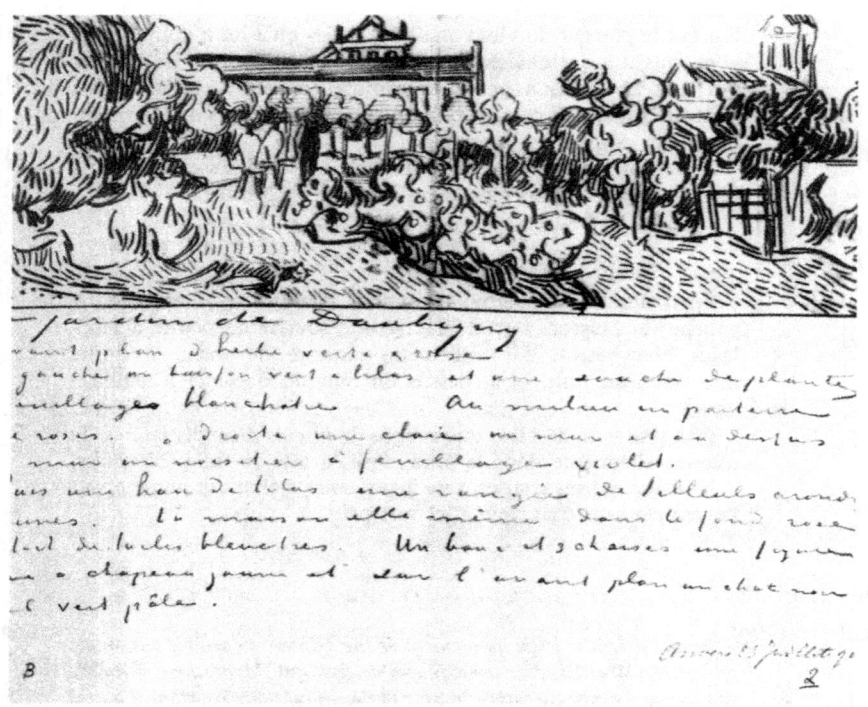

Puisque l'original doit montrer un chat et que la copie de Schuffenecker en a un, l'original devient le faux de Schuffenecker. Le témoignage de Judith Gérard qui avait surpris les compères en plein travail nous dit qui est l'auteur de la retouche : « Sur la pelouse du *Jardin d'Auvers* [*Jardin de Daubigny*] il y avait un chat : « Ce chat est mal dessiné » avaient-ils décidé [Leclercq et Schuffenecker] d'un commun accord, mais Schuff n'étant pas animalier se contente de barbouiller le chat d'un peu d'herbe verte ».

L'histoire ne dit pas pourquoi Leclercq a renoncé à envoyer un des *Jardin de Daubigny* qu'il décrivait, mais la plus triviale des raisons semble être la bonne. La caisse commandée par Leclercq a un objectif unique : transporter des toiles de 30 (73 par 92), le format roi des Vincent dont il faisait commerce. Le reste ne l'intéresse pas. Toutes calculées qu'elles soient, les caisses ne sont pas extensibles et les deux *Jardin de Daubigny* sont en longueur, plus longs de huit centimètres. Inconvénient de la lettre envoyée trop tôt, sauf à accepter de passer pour un menteur et risquer que Johanna ne réclame ses *Tournesols*, Leclercq n'a plus que le loisir d'envoyer un *Jardin* apparenté à celui qu'il annonçait. Le *Jardin à Auvers* partit dans cet équipage pour Amsterdam en compagnie des *Astres*. Fichue bonne caisse finalement si mal pratique.

La toile qu'il envoie pour éviter que Johanna ne réclame ses *Tournesols* est fausse — sauf à vouloir croire qu'il aurait renoncé à sa glorieuse ambition de pourrir sa collection en remplaçant un faux par une toile authentique. Il est en outre certain que la toile envoyée ne lui appartient pas.

Sa collection est précisément connue. Elle débute avec son achat à Johanna Van Gogh de quatre toiles de 30, le 28 décembre 1900 : « Je vous adresserai également un chèque de 3800 francs pour *Astres*, 1000 fr. *Promenade publique* 1000 fr. *Coquelicots* 1000 fr. *Village* 1200 fr., total 4200. J'ai dépassé, en achetant le *Village*, mes ressources actuelles… » Il échange, avant le 20 février 1901, ses *Astres* contre « le *Coin de jardin* à 1200 fr » qu'avait d'abord retenu Schuffenecker. Il signale dans la même

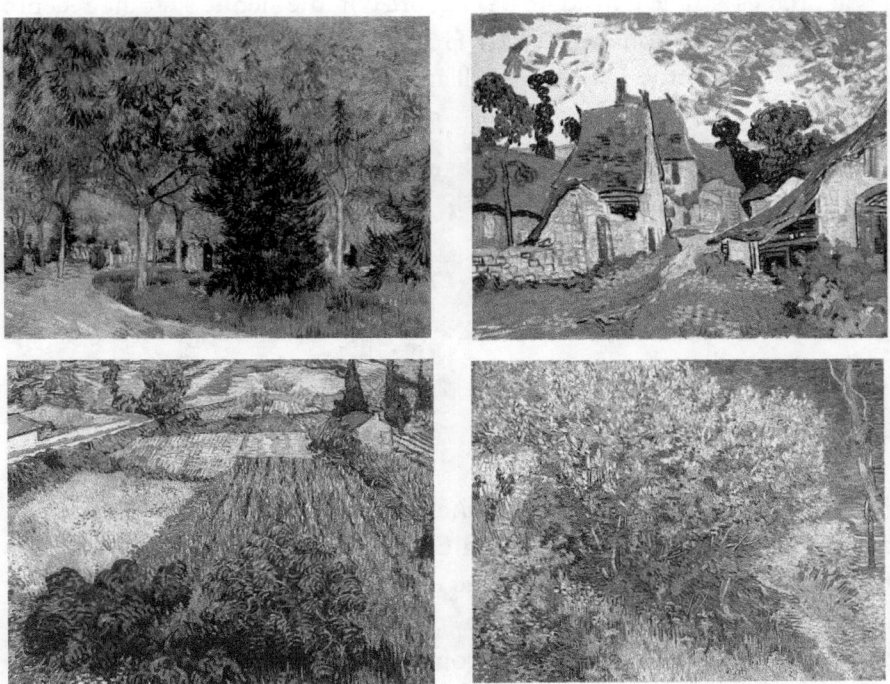

lettre avoir acheté, bon marché, une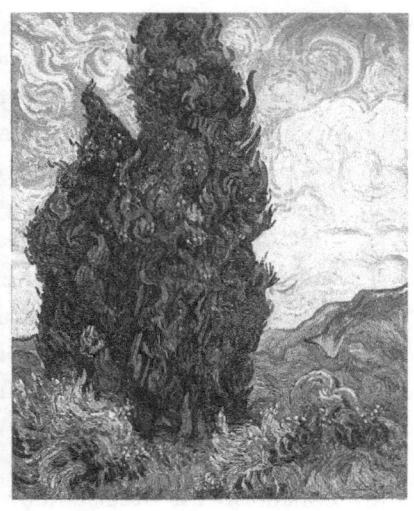
cinquième toile : « L'exposition
fera certainement monter les prix
des Vincent, maintenant on trouve
encore à Paris, à l'occasion, des toiles
pas chères. J'ai acheté il y a huit jours
une grande toile de 30 [92 x 73],
très belle, représentant des cyprès.
Je l'ai eue pour 600 f et, encore, je
ne le paye pas tout de suite ».B.4136 Si
son catalogue de l'exposition chez
Bernheim Jeune n'annonce que quatre
toiles lui appartenant, les numéros 33,
34, 35, 36, nous savons qu'il possède

en outre la *Promenade publique* : « Le peintre Besnard est venu et a été
enthousiasmé. Il est de ceux qui m'envient la promenade à Arles ». A
l'issue de l'exposition, il achète le *Jardin de Daubigny* pour le revendre à
Fayet. Deux jours après cette vente « Personnellement, je possède, en
effet, cinq toiles de Vincent Van Gogh. Trois sont actuellement chez moi
à Paris et deux autres sont à Berlin, à l'exposition de la Sécession où je
les ai prêtées ». Il ne considère pas encore comme sienne sa toute récente
dernière « acquisition » restée en Hollande. Il la mentionne cependant
dans une lettre écrite à son ami William Molard quelques jours plus tard :

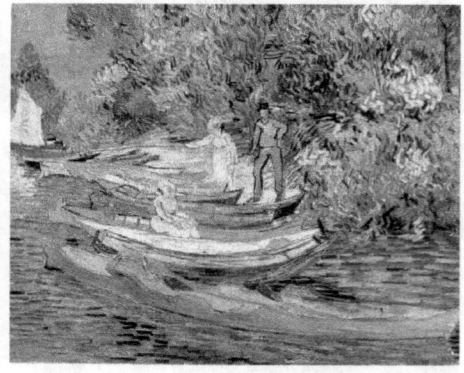

« J'en ai encore acheté un
chez madame Théodore Van
Gogh jeudi dernier à Bussum.
Je le crois extraordinaire. Ce
sont des *Canots au bord de l'eau*
et de la verdure. Pas de ciel
ou si peu dans l'angle gauche.
Trois personnages. Je l'aurai en
septembre à mon retour ».

Un passage de la lettre à Vlaminck précise : « un de mes amis m'en
a confié quatre qu'il consentirait à céder. Deux de ces toiles sont chez
moi. Les deux autres sont en voyage et ne seront rentrées à Paris qu'à
la fin septembre ». Le « voyage » des deux est à Berlin pour la IIIè
Sécession et l'identification du trop fameux *Homme à la pipe* désigne

Emile Schuffenecker comme l'ami prêteur. Schuffenecker a, certes, de nombreuses toiles à revendre, mais Leclercq ne peut pas raisonnablement prendre le risque d'envoyer un client, peintre de surcroît, faire son choix dans la caverne du légendaire maladroit qu'était « *Schuff* ».

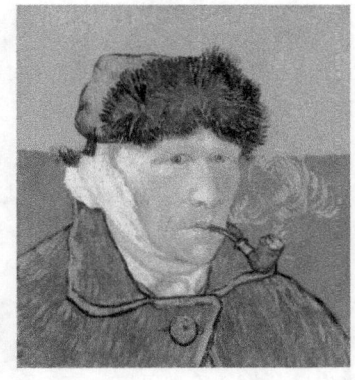

L'expédition des *Astres* et du *Jardin à Auvers* a pu rendre Leclercq et Schuffenecker sereins. Johanna est momentanément mise dans l'impossibilité de réclamer ses *Tournesols*. Les associés disposent d'un peu de temps devant eux pour tenter de placer l'une ou l'autre des deux « versions ».

Toujours chagriné par la présence de toiles jumelles dans un pays où il peut les voir trop facilement, Leclercq opte pour l'exportation. L'avenir est à Berlin. Il y a noué des contacts en exposant des Vincent en juin 1898, il les a renouvelés en qualité de secrétaire du pavillon Rodin de l'Alma durant l'Exposition universelle. Sa lettre du 12 octobre 1900, indiquait à Johanna son intention d'y retourner mieux équipé : « Et puis, en exposant à Paris en février, on peut exposer en mars ou en avril à Berlin ». Le marché allemand explose, des petits ont poussé sous les ailes du Kaiser protecteur des arts.

Avec le retentissement de l'exposition de Paris la collaboration de Johanna redevient opportune. Leclercq la presse le 18 juillet 1901 : « Chère Madame, je serai obligé de quitter la Finlande plus tôt que je ne le pensais. Vous seriez bien aimable de me dire sans tarder si l'exposition Vincent à Berlin vous convient ».b.3470

La perspective d'une exposition en décembre siéra à la veuve de Theo et, en octobre, elle adressera dix-huit toiles à Paris, afin que Leclercq puisse les y faire monter sur châssis et les munir de cadres.

Pour Leclercq, le film s'arrête là, il meurt le 31 octobre 1901. Schuffenecker lui rendra un dernier service. Il trouvera au coin de sa rue l'entreprise de pompes funèbres qui emportera sa dépouille.

De bien curieuses inventions

Dans son étude s'efforçant d'attribuer à Vincent la copie des *Tournesols* que Schuffenecker réalise en 1901, Louis van Tilborgh du musée Van Gogh s'en remet à Leclercq et comble les manques* Il affirme que le *Jardin de Daubigny* tout juste acquis a été envoyé et ajoute que, Johanna ne pouvant accepter l'offre d'échange, il lui a retourné ses *Tournesols* « probablement au début mai »: « *Jo, however, was unable to agree to this unusual offer, and the still life was probably returned to her in early May.* » La note de renvoi associée précise: « *Leclercq probably brought the painting with him during a visit to Jo in early May, when he travelled via Amsterdam to Berlin, where he was organising a new exhibition of Van Gogh's work at the Cassirer gallery. Once in Berlin he informed Maurice Vlaminck that he had no paintings to sell and only possessed five works by the artist from his own collection; see Maurice Vlaminck, Portraits avant décès, Paris 1943, pp. 31-33. These were F 479 JH 1601; F 581 JH 1751; F 579 JH 1692; F 613 JH 1746; and F 802 JH 2001.* » Ce relevé (inexact pour F 479) mis à part, la construction qui place le 20 juin au « début mai » est démentie de plusieurs manières. En mai, il n'y a pas de visite de Leclercq chez Johanna Van Gogh – il lui avait dit devoir « partir en voyage le 19 » (évidemment pas chez elle). L'aurait-il visitée qu'il se serait annoncé et la trace demeurerait. Le dandy parisien de haute volée qu'il était, secrétaire de l'exposition Rodin, rédacteur de *Beaux-Arts*, et nommé, avec Gaston Moch, co-directeur du *Journal Européen*, ne voyageait évidemment pas avec des tableaux sous le bras. Tout est toujours expédié en caisse, ainsi que le requiert sa lettre du 15 avril. Si des toiles avaient circulé, nous en serions également averti. L'envoi du *Jardin de Daubigny*, la visite, la restitution des *Tournesols*, la récupération du *Jardin de Daubigny*, tout cela est imaginaire, inventé pour les besoins de la cause. En mai, Leclercq possède six et non cinq tableaux de Vincent. Sa visite à Amsterdam est très rigoureusement datée, cinq jours après avoir vendu son *Jardin de Daubigny*. Le 21 juin, il écrit à Vlaminck: « C'est au moment de partir en voiture pour la gare que mardi soir [18 juin] j'ai reçu votre lettre. Je viens de passer quarante-huit heures en Hollande [19 et 20 juin] et me voici, ce matin à Berlin ». Trois jours plus tard, le 24, il précise qu'il était à Bussum « jeudi dernier ». soit le 20 juin. Les *Tournesols* ne quittent pas Paris – un document permet de l'établir – et le *Jardin à Auvers* est, et reste, chez Johanna Van Gogh.

*http://www.vangoghgauguin.com/home/content/en/achtergrond/zonnebloemen/doc/sunflowers.doc).

2

De laborieux débuts

Je te le dis carrément, avec plus de force
que jamais, parce que je crois fermement
que le haut commerce d'objets d'art
ressemble trop, à plusieurs points de vue,
à la manie de la tulipe.
Et que les situations dans cette branche
dépendent du hasard et des lubies.

Vincent, 17 août 1885

Arles en Provence
Fevr 1888 - mai 1889

Liste des tableaux ...
des méd... Cassel...

Nuenen en Brabant
1883 - 1885

Johanna

Une semaine plus tard Johanna prie Fanny Flodin, veuve Julien Leclercq, d'expédier de sa part...

« à Messieurs Cassirer pour régler ce qu'il y a encore à faire puisque cela vous doit être bien difficile aussi après votre départ de Paris – je vous serai donc bien obligée si vous voulez les envoyer à Berlin avec celui que Monsieur Leclercq avait encore l'intention d'acheter. Vous devez bien avoir reçu ma lettre adressée à Mr Leclercq dans laquelle était incluse la liste des prix – voulez vous me retourner cette liste – puisque les prix du tableau de Mr Leclercq n'y est pas marqué. J'ai des changements à faire ». [Arch. privées Helsinki]

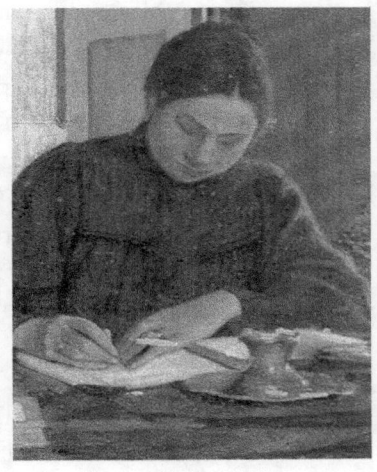

Johanna a toujours des changements de prix à faire, cela a jadis exaspéré Vollard – « Je me permettrai seulement de vous faire observer que vous avez augmenté les prix que nous avions fixés à mon passage à Bussum ». Leclercq, qui pourtant avait donné son accord de principe pour les hausses soudaines, n'a guère pu goûter qu'en quelques mois les *Tournesols* tellement convoités grimpassent de 1200 francs à 1400, puis à 1800, puis finalement à 2000 francs-or, à la veille de sa mort.

Il voulait que Johanna consente de bas prix pour appâter le marché germain, mort, il ne sera pas peiné que Johanna en demande 2500 francs six mois plus tard. Le marchand Paul Cassirer verra aussi enfler les prix de toiles qu'il a en dépôt et en fera la remarque. Mais il faut bien que cela monte, c'est la règle d'un marché idéal au mécanisme connu et aux soubresauts mal maîtrisés. Que les meilleurs montent ! Au sommet de leur cote, critère essentiel d'acquisition du patrimoine, plus c'est cher, plus c'est beau, ils sortiront du marché et entreront au musée, le bal continuera avec d'autres œuvres, d'autres noms, d'autres gens.

Johanna remercie Fanny...

« de la peine que vous avez bien voulu vous donner pour l'envoi des tableaux. Je vous suis très reconnaissante d'avoir confié le soin d'emballage à un bon emballeur car le trajet de Paris à Berlin est assez long et c'est toujours un peu dangereux pour les tableaux. J'avais écrit à M. Cassirer au sujet de l'exposition - (car je ne savais rien des arrangements etc qu'il avait pris avec votre pauvre mari) et j'attendais sa réponse pour vous écrire qui paierait les frais d'emballage etc. mais je n'ai encore rien pas reçu de réponse et je ne veux maintenant plus tarder de vous écrire Cela m'étonne beaucoup de la part de Mr Cassirer ; peut-être vous a-t-il écrit ? car Mr Leclercq avait bien dû régler d'avance avec lui toutes les choses concernant cette exposition ? En tous les cas je sais maintenant l'adresse de la maison Pottier et tout sera régler ». [Arch. privées Helsinki]

Les *Tournesols* partent pour l'exposition chez le marchand Paul Cassirer et regagneront ensuite la Hollande. Fanny ne reçoit plus de nouvelles de Johanna et pas davantage du *Jardin* envoyé par son mari en contrepartie. Sans doute ignore-t-elle tout d'un marché qui ne concerne en rien la fortune de son mari. Caution des *Tournesols*, *Le Jardin à Auvers* va rester dans la collection de Johanna où il est piégé par la mort de Leclercq.

Il n'est pas exceptionnel que Johanna conserve par devers elle une œuvre dont elle n'est pas la propriétaire légitime. Bien qu'elle ait lu attentivement la correspondance de Vincent, ainsi que son journal le consigne, elle a omis de remettre nombre d'œuvres que Vincent avait destinées à sa famille ou à d'autres. Gauguin lui écrit, par exemple, le 29 mars 1894, pour « reprendre les tableaux de Vincent qui m'appartenaient ; entre autres une berceuse (femme assise dans un fauteuil) ; puis une tête d'arlésienne faite d'après un dessin de moi et un coucher de soleil à Arles ». Plus tard le propre fils de Johanna qui est le véritable propriétaire de la collection qu'elle a fait sienne, mettra, chez elle, les œuvres sous clef pour mettre fin à leur dilapidation.

L'ami Schuffenecker déplora peut-être d'avoir été deux fois volé – sa restauration d'homme habile ne lui a pas été payée et il a perdu son *Jardin* pastiche –, mais il était en trop piètre posture pour réclamer dû et bien. Toute tentative de récupération aurait impliqué de dire que feu Leclercq

147. Waschvrouwen aan de Rhône.
148. Tuin met bloembedden.
149. La Berceuse.

avait servi de méchants bobards, plus sage était de laisser filer.

Quatre ans après la mort de Leclercq, le conservateur du Stedelijk Museum d'Amsterdam, averti de la soudaine flambée de la cote à Paris l'année précédente et de l'enthousiasme provoqué par une rétrospective aux *Indépendants* au début de l'année, abrite en ses murs une grande rétrospective Vincent. Johanna le gratifiera de deux toiles. Parmi les tableaux exposés, le numéro 148, un *Jardin avec parterres de fleurs*.

Probablement hésitants, et sans référence dans le premier catalogue qui servait jusqu'alors à Johanna pour ses classements, les organisateurs l'ont placé parmi les œuvres arlésiennes. Où classer une parodie inclassable fondant un peu de pointillisme parisien, des réminiscences d'Arles et la période d'Auvers ? En Arles, entre *Rhône* et *Berceuse,* la liste préparatoire témoigne.

La question de la confusion par la critique, avant les efforts de classement et de nomenclature, n'est pas incidente. En effet, en matière de falsification, dès que la fourchette de date d'une œuvre suspectée est établie avec une sûreté raisonnable, – « compatibilité fin XIXè » pour le *Jardin,* selon les experts des musées Nationaux – il faut se préoccuper de deviner quel pouvait être le su des différents acteurs.

Il est essentiel pour les falsificateurs d'en savoir autant que les experts, sinon mieux et si possible avant eux, pour éviter de commettre les anachronismes qui les feraient trébucher. Il n'est pas indifférent à cet égard de rappeler les incertitudes de Leclercq et de l'avoir vu s'enquérir en 1900 auprès de Johanna Van Gogh :

> « Schuffenecker et moi voudrions que vous nous fixiez la date approximative des œuvres que nous avons acquises. [...] Quels sont les tableaux parmi les nôtres qu'il a faits à Arles et ceux d'Auvers ? Est-ce que la série des *Moissonneurs*, comme je le crois, est d'Arles ou bien d'Auvers ? »

Deux ans après l'exposition amstellodamoise, le *Jardin aux parterres de fleurs* repart pour Paris sous le sobriquet *Jardin,* Johanna ne s'étant pas risqué à traduire le titre néerlandais, *Jardin avec des lits de fleurs* qu'il avait bien fallu inventer pour l'exposition de 1905. Felix Fénéon, le directeur de la Galerie Bernheim-Jeune, critique d'art cérémonieux à la plume précieuse a décidé d'une exposition du très prometteur « Van Gogh ».

S'étant souvenue de l'effort de Leclercq dans ses murs, la maison Bernheim avait, l'année précédente, envisagé les choses largement, mais Johanna avait fait la sourde oreille, ainsi qu'elle le confia à ses amis Gachet :

> « Figurez vous que Mr Bernheim a commencé par des dépêches et puis des lettres pour me demander si je voulais vendre tous les

tableaux de Vincent qui étaient à l'exposition de l'an dernier. Alors il viendrait ici pour conclure cette affaire. J'ai compris tout de suite qu'il flairait une bonne occasion payer peu pour avoir beaucoup de beaux tableaux. Je lui ai engagé à ne pas venir, parce que je ne désirais nullement me défaire tout d'un coup de mes tableaux. Alors il n'a plus répondu et n'est pas venu heureusement. Nous avons lu dans la chronique des arts qu'à une vente chez Bernheim de E. Blot des tableaux de Vincent s'étaient vendus pour 4000 francs e.a. alors j'ai compris pourquoi il a voulu venir ».[b.2138]

En avril 1907, les relations de Johanna avec Bernheim-Jeune sont devenues cordiales et elle a cédé quinze pièces, destinées pour la plupart à un jeune prince flambeur, Rothschild par sa mère, Alexandre Berthier, prince de Wagram.

Début 1908, Fénéon qui a reçu de Johanna dans un lot de cent deux œuvres le *Jardin,* prisé 1800 francs, toujours classé parmi les toiles arlésiennnes, entre la *Chambre à coucher de Vincent* et des *Chaumières aux Saintes-Maries* l'expose, rue Richepanse, mais il ne le vend pas. Il est sans doute trop tôt. Les ventes sont maigres. Seul client de l'exposition, Gustave Fayet achète deux œuvres.

Rien ne tente apparemment les frères Schuffenecker pourtant devenus sans cesse plus actifs dans le commerce des Vincent, mais il faut dire à leur décharge, qu'ils pouvaient avoir d'autres sources d'approvisionnement en Van Gogh ou simili. En témoigne l'épopée d'une copie d'un *Autoportrait,* achetée par Amédée, qui déclara rigolard, le jour de son achat à Judith Gérard son auteur, qu'il le destinait au marché allemand et qu'Emile retoucha obligeamment avant de le faire accepter, en 1903, par un Meier-Graefe émerveillé. A Pâques 1906, ils étaient allés acheter six œuvres directement en

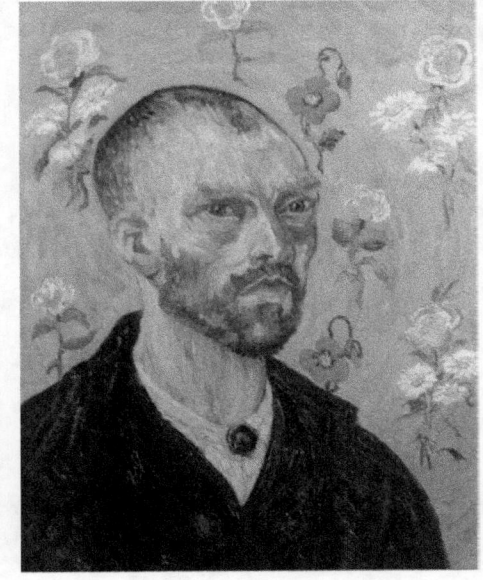

Hollande : « Les deux messieurs Schuffenecker sont venus ici et ont achetés quelques tableaux. Leur visite ne m'a pas fait plaisir du tout. C'était purement faire une affaire rien de plus ».[b.2138]

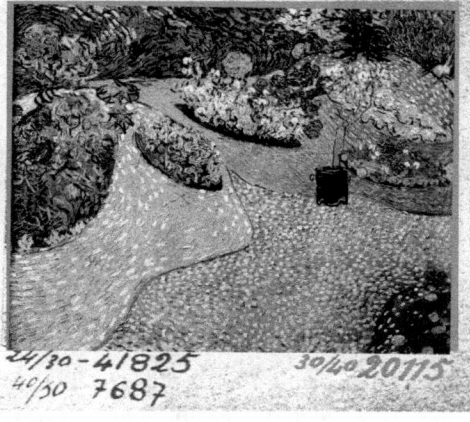

Après l'exposition chez Bernheim-Jeune, le photographe Eugène Druet est autorisé à prendre des clichés des tableaux prêtés par Johanna. Sa plaque numérotée 20115 permettra d'identifier le *Jardin* prêté. Les

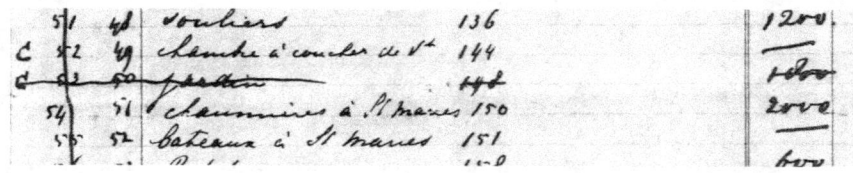

toiles partent ensuite à Berlin – excepté six qui retournent en Hollande, identifiées.

Parmi les toiles que reçoit Paul Cassirer pour sa nouvelle exposition : cinquantième de la liste, le *Jardin* 148.

Paul

La toile n'était peut-être pas inconnue à Berlin, puisque Johanna Van Gogh avait déjà auparavant par deux fois prêté un *Jardin* à Cassirer. La première fois en 1905, retourné l'année suivante, la seconde fois en février 1907, exposé sous le titre *Hausgarten*. Une interprétation erronée fera correspondre cet intitulé au *Jardin près d'une maison*, toile qui se trouve alors dans une collection parisienne.

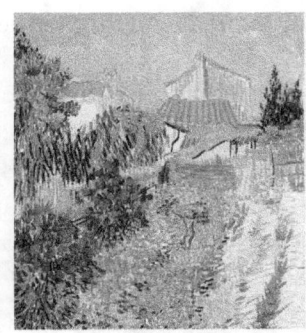

Trois des toiles de Johanna adressées à Cassirer sont vendues. Deux, *Iris* et *Roses*, appartiennent à la mère de Vincent, la troisième est le *Jardin* En mars 1908, Cassirer enregistre l'achat de *Garten* et, en avril, l'argent reçu, Johanna consigne la vente de *Tuin*.

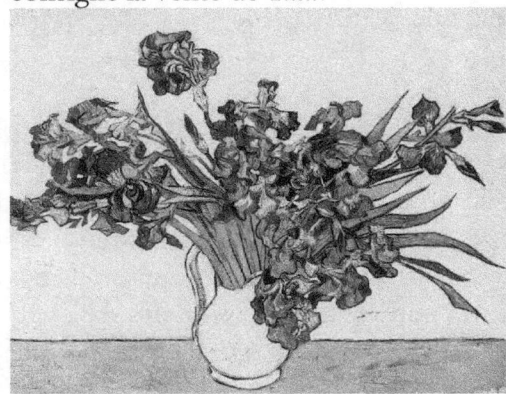 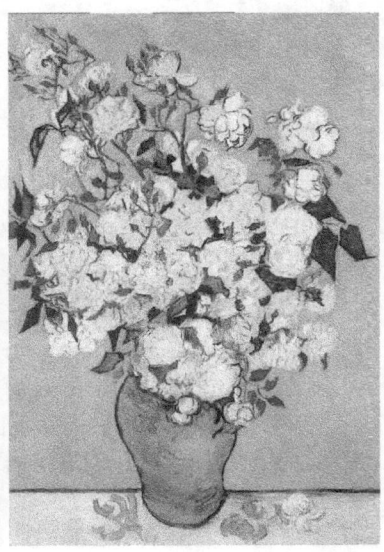

Cassirer achetant d'ordinaire à Johanna par lots pour obtenir des conditions plus avantageuses et n'ayant pas cette fois acheté pour son stock, il est raisonnable d'en déduire qu'il avait un client pour *Garten*, comme il avait Fritz Oppenheim pour acheteur des *Roses* ou Robert von Mendelssohn Bartholdi pour acquéreur des *Iris*.

A-t-il vendu, puis dû reprendre le *Jardin à Auvers,* comme semble le suggérer la double numérotation sur son livre de compte : 8457 et 1086 en surcharge ? La question est apparemment sans réponse. C'est hautement probable, mais, officiellement, l'anomalie ne « s'explique pas ». Les archives Cassirer ne sont pas d'accès public et il n'est pas possible de vérifier au-delà de ce qui a été publié.

La mise en cause de l'authenticité du *Jardin* a fâché le marchand zurichois Walter Feilchenfeldt. Son père a jadis vendu la toile quand il dirigeait la galerie Cassirer, pour lui, elle est authentique. Il a même retrouvé sa trace dans une lettre de Leclercq… avant de concéder le mirage, le *Jardin* en cachait un autre.

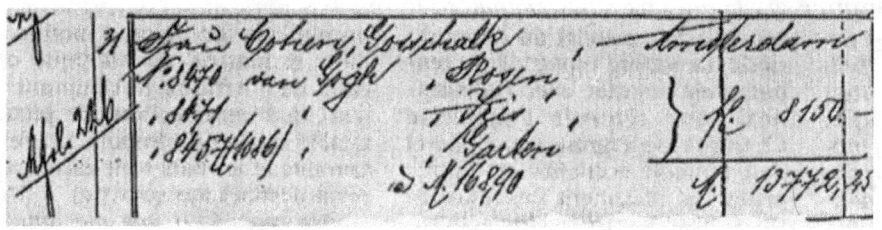

On sait seulement que, lorsque l'année suivante la galerie Bernheim-Jeune commande un lot comprenant des Van Gogh, le *Jardin* 1086 en fait partie, avec cinq autres toiles.

Le prix de vente a été publié, il est de 2000 marks. Sachant que Cassirer l'a payé 1650 florins ou 2788,29 marks, on remarque que Cassirer cède le *Jardin* à moins des deux tiers du prix d'achat. Revendre ainsi à perte après un an un tableau réputé être d'un artiste dont la cote explose est une singularité remarquable. Elle l'est d'autant plus que l'acquisition était déjà bon marché, puisque, lors de la transaction des *Roses*, des *Iris* et du *Jardin*, les deux toiles de 30 étaient, au prix du point, 63% plus chères que le *Jardin*. On peut se garder de conclure que Cassirer sait que le *Jardin* est faux quand il le cède à Bernheim, mais on peut deviner, qu'il le voit, *junk-bond* avant la lettre, affligé d'un défaut rédhibitoire entravant l'évolution normale du bien spéculatif.

Eugène

Le 2 avril 1909, la galerie Bernheim enregistre l'acquisition de *Jardin* sous le numéro 17270, et, ayant sans doute oublié qu'elle a demandé à Druet de le photographier l'année précédente, elle lui (re)demande un cliché du tableau. Druet en tire deux nouvelles plaques : 7687 et 41825. La première en grand format 40 x 50, la seconde plus petite 24 x 30. Du très beau travail de photographie.

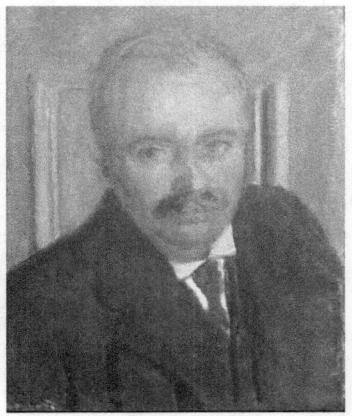

Il tient désormais une galerie en vue. Le *Jardin* lui plaît. Le 12 mai, il l'achète. Après trois jours, le 15, il le rend à la galerie Bernheim. Les motifs de l'annulation de la vente ne sont pas fournis, mais rien n'interdit d'entrevoir le plus plausible. Les acheteurs s'enquièrent parfois après coup d'opinions d'hommes de goût. L'autorité en matière vangoghienne la plus proche de Druet était un certain Emile Schuffenecker. On conçoit que, s'il a été consulté, le peintre n'aura pu que conseiller à son ami Druet de faire de son mieux pour renoncer à son acquisition. Amédée et Emile avaient alors suffisamment de choses à proposer au photographe – dont leurs *Tournesols* qu'il expose et parviendra à placer – pour ne pas revenir sur les affaires classées.

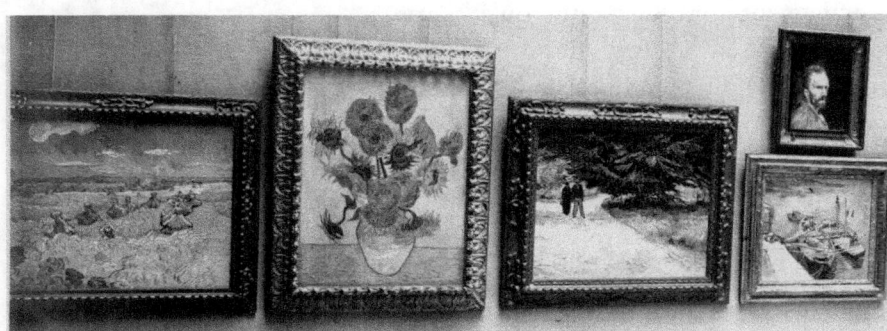

Et puis ils étaient amis. Nul doute que Druet avait consenti une petite ristourne à Emile quand il avait photographié sa belle collection de série de *bassinoires,* clichés 60744 to 60760.

De plus, Schuffenecker avait peint un autre Van Gogh un *Coin de Jardin* assez proche du *Jardin à Auvers* et il était préférable que les deux œuvres ne se côtoient pas. Mêmes barquettes de fleurs en guise de parterre, même masse à gauche, même fête des végétaux dans le fond, mêmes fleurettes rouges, courbes sinueuses, ou

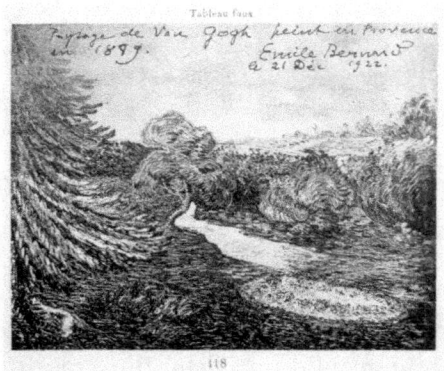

format, etc… Schuffenecker tentera en vain de le faire passer pour authentique. Il aura beau garantir l'avoir vendu en 1909 à mon frère Amédée, il aura beau le faire certifier authentique en 1922 par leur ami Emile Bernard, rien n'y fera, le *Coin de Jardin* n'entrera jamais au catalogue, pire, de la Faille le fera figurer parmi les Faux Van Gogh, numéro 118. Il aura cependant la délicatesse de ne pas indiquer sa provenance.

L'écoulement par Eugène Druet des produits appartenant aux Schuffenecker sera parfois source d'avatars. En novembre 1909, Druet sera, en sa galerie, victime d'un assaut de Judith Gérard qui lui fera grief d'exposer la copie d'un Vincent, peinte par elle – d'après l'*Autoportrait* offert à Gauguin confié à la garde de ses parents. Celle qu'Amédée lui a achetée (en 1902) pour le marché allemand et que Claude Emile a maquillée (avant la fin 1903). Ce n'était point la faute d'Amédée si les Allemands n'achetaient pratiquement qu'à Paris. La dénonciation de Judith Gérard, n'interdira nullement à Druet de bientôt vendre la copie retouchée comme un Van Gogh de bonne facture. Le témoignage de Judith – comme sa copie aujourd'hui classée « faux Van Gogh » – indique seulement que le galériste-photographe filoutait en connaissance de cause.

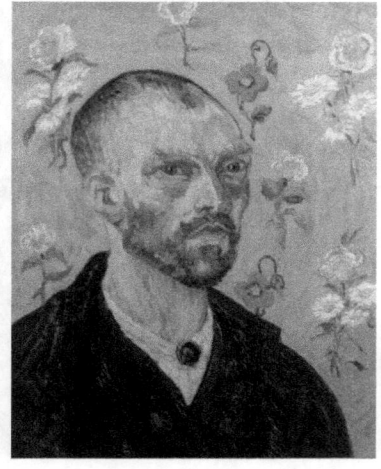

Druet filoutait en connaissance de cause et sans prendre trop de gants, la chose commence à se voir, se savoir. Mécontent de la concurrence qui ne pouvait que ternir l'image de son papa et de lui-même grands pionniers du faux Van Gogh, le fils du Dr Gachet dénonce l'écornifleur. Le 13 novembre 1909, il écrit à Johanna :

> « Bref cette exposition-ci [chez Druet 1909] est bien meilleure que celle que vous avez vue chez Druet [1908]. Cependant, il y a deux ou trois portraits dont deux de Vincent, qui, pour moi n'ont jamais été faits par lui ; mais enfin, il y a quelques beaux tableaux tels que « la Ronde des prisonniers », « le Bon Samaritain » cependant je dois y retourner, si j'ai le temps, et les regarder de très très près ; car il paraît bien évident qu'on en a fabriqué. C'est épouvantable !! Vous comprendrez bien qu'il ne faut pas demander à des marchands d'avoir le scrupule de ne vendre que des tableaux authentiques ! »[b.3394]

On ne saurait oublier, pour imaginer ce que les acteurs du commerce du faux avaient en tête, que les risques étaient mineurs et les sanctions faibles, que le vol de riches consentants pouvait se parer de faux semblants de moralité et que la fraternité franco-allemande, qui avait laissé quelques souvenirs de bottes et de casques à pointe, pouvait apparenter à un acte patriotique le maquignonnage visant à circonvenir « le Boche ».

Si Druet peut en toute quiétude vendre la copie (aujourd'hui rejetée) de Judith Gérard c'est aussi que le premier expert de « Van Gogh » l'a acceptée et l'a enregistrée dans sa recension. Lorsqu'Emile Schuffenecker la lui a personnellement présentée en 1903, Julius Meier-Graefe l'a retenue pour son chapitre *Vincent* et a résumé son enthousiasme : « Le chef-d'œuvre de ses autoportraits est chez Schuffenecker. Jamais on oubliera cette tête fantastique au front carré, aux yeux écarquillés, aux mâchoires désespérées. Autour du cou profondément échancré, pend un symbole païen, un grand bijou scintillant d'or. Au-dessous, les encres rouge-bleu foncé s'enfoncent dans la veste et, sur le fond de papier peint criard, elles font songer à des tons d'exquises chenilles sur des rochers dénudés. Il est d'une si terrible magnificence de ligne, de couleur et de psyché qu'on en perd le souffle et on ne sait plus si on est ahuri par la monstrueuse escalade de la beauté ou bien ahuri par la folie menaçante de ce visage qui l'a inventé. »

Les garants de la moralité d'Emile Schuffenecker verront sans doute dans ce maquillage et sa promotion un accident de parcours, mais ce sera à la condition de vouloir fermer les yeux sur les autres preuves de son implication dans un trafic qui l'occupa des années durant et aurait dû cesser bien avant que sa tête ne soit chenue.

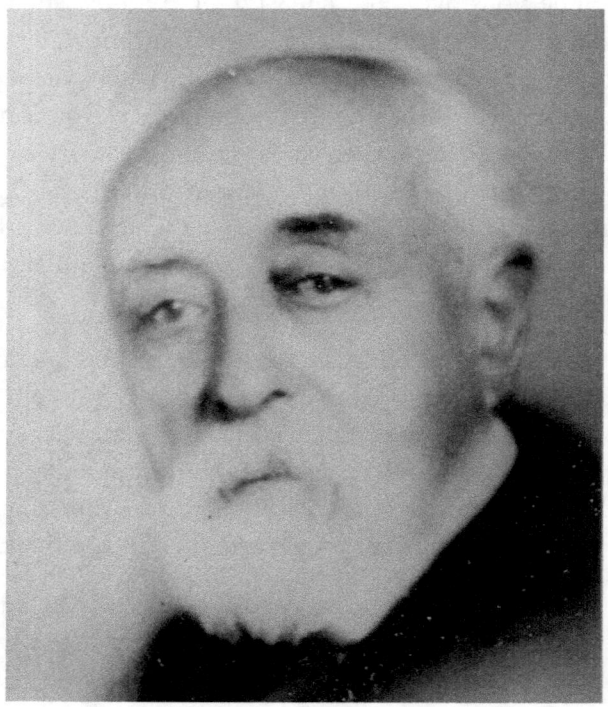

Judith Gérard,
Le crime de Julien Leclercq,
1951

Cependant Schuffnecker continuait sa nouvelle industrie. Il avait un frère
qui était le « génie commercial de la famille » Celui-ci vint un jour chez nous
voir si nous n'avions pas quelque occasion à profiter de suite. Il avait entendu
parler d'une copie que j'avais faite du portrait de Vincent dédié à Gauguin
et daté d'Arles, que Gauguin nous avait laissé en dépôt. Si je lui vendais
ma copie il m'achèterait une nature morte. Cent francs l'une et aussi l'autre
à prendre ou à laisser. Les yeux de ma mère exprimaient la détresse d'un
budget à 1800 francs par an. J'acceptai le marché. 200 frs une aubaine.
En franchissant le seuil, mes toiles sous le bras mon généreux acquéreur me
dit avec un rire gras : « Tout ça va partir en Allemange » Je ne vous dis pas
que ce sera sous votre nom.
J'avais naïvement signé ma copie « d'après Vincent » je l'ai revue bien des
années plus tard chez Druet. mais ça c'est une autre histoire.
On avait annoncé une exposition Van Gogh. C'était l'année de la mort
d'Edouard Sain : on se rendait encore à pied rue Royale. J'entre, et qu'est-ce
que je vois à droite près de la porte ? Mon Van Gogh et dans quel état ! Le
fond vert qui n'est pas du Veronèse pur et que j'avais obtenu par un mélange
de jaune de Naples, ce qui n'était pas venu à l'idée de Gauguin quand il avait
devant moi calfaté les craquelures de l'original (on peut encore voir dans le
haut de la toile les raccords plus foncés qui effacent en partie la dédicace
« à mon ami Paul Gauguin ») mon beau fond vert où j'avais reconstitué
la dédicace en pleine pâte avec de la laque garance, la date et la signature
fidèlement imitée plus ma signature et ma date, ((1898) °/ ou (1897) mon beau
fond uni où les coups de pinceau tournaient en cercle concentrique autour
de la tête, mon fond était barbouillé de fleurs de papier peint, bouquets de
coquelicots et de marguerites plaqués sans la plus élémentaire préparation et
qui pis est avec des empâtements de blanc pur alors que jamais Vincent ne
s'est servi de blanc pur : il disait et Gauguin le répétait que le blanc n'existe
pas plus dans la nature que le noir pur. Le liseré bleu (outremer clair) du
veston était barbouillé de vert émeraude, le bijou qui ferme la chemise,
colmaté de terre de sienne brûlée, mais la figure, elle n'avait pas été touchée ;
c'était trop difficile. J'y retrouvais les empâtements de la barbe où j'avais
vasouillé, l'oeil gauche plus de travers que l'original et qui (m)'avait donné
bien du mal. C'était bien ma copie avec ses maladresses et ses inexactitudes
qui pouvaient la faire passer pour une réplique et outrageusement maquillée.
Je sentais la moutarde me monter au nez et je monologuai assez haut pour

être entendue : « Je serais curieuse de savoir d'où il vient celui là ! » Druet
s'approcha de moi et à brûle pourpoint : « Je vous défends de dire que c'est
un faux ! » Moi : « Je dis simplement que je voudrais savoir d'où il vient. » « Je
voudrais bien voir le cochon qui serait capable d'en faire un comme ça. » Je
commençai à bouillir. J'étais plus grande que lui, je marchai vers le bureau en
le poussant devant moi. J'entrai et refermai la porte dans mon dos.
« Et maintenant à nous deux ! Vous prétendez m'interdire empêcher de dire
que c'est un faux ! Je vous ferai observer que c'est vous qui l'avez dit. Et
vous êtes curieux de connaître le cochon capable d'en faire un comme ça ?
il est devant vous le cochon : le cochon c'est moi, monsieur et je le prouve
« Je me mis à déverser des noms, des dates, des preuves, des témoins sur
mon adversaire. Je me sentais grandir comme les crapauds qui s'enflent sous
l'action de la colère et je le voyais se ratatiner sous mes yeux ; je l'aurais pilé,
pulvérisé, anéanti : « Vous êtes expert en peinture moderne et vous ne savez
même pas ce que c'est qu'un repeint ! Vous n'avez qu'à passer l'ongle sous une
de ces sales marguerites pour la faire sauter comme une croûte. le ~~margoulin~~
~~gougeat~~ goujat qui a fait ça ne s'est même pas servi de médium, pas même
d'un peu d'huile de lin. Vous trouverez en-dessous mes coups de pinceaux en
relief. Et vous ne savez pas non plus que Vincent n'a repris une toile sèche,
qu'il travaillait en pleine pâte et n'a jamais fait de repeints. Il ne reprenait pas,
il ne corrigeait pas, il passait à autre chose. Ces affreuses fleurs postiches sont
embues malgré les vernis postérieurement appliqués. »
Celui qui aurait regardé la scène par le trou de la serrure aurait bien
rigolé : le pauvre type avait l'air d'un écolier pris en faute et le geste dont
j'accompagnai les mots « à genoux à genoux ! des excuses ! » était du dernier
mélo. Il bafouillait au comble de la terreur, non de moi mais du scandale.
A mesure que ma colère s'exhalait en parole, je sentais grouiller en moi une
irrésistible envie de rire. Il fallait en finir « Allons debout, il y a du monde à la
boutique… » Et je partis en claquant les portes. […]

Curt

En avril 1910, accompagné d'Hugo Perls, un cousin marchand de tableaux, Curt Glaser, alors responsable du Cabinet des dessins et des estampes à la *Nationalgalerie* de Berlin, visite la galerie Bernheim Jeune et y achète le *Jardin* dont Cassirer ni Druet n'avaient plus voulu.

La partie de mistrigri continue. A l'arrivée de la toile à Berlin, Glaser et son ami le peintre Hans Purrmann se rendent à l'évidence : il ne s'agit que d'un *ersatz* de Van Gogh, coloré, certes, mais insuffisant : Faux ! Comme les chats sont après avoir été échaudés, ou comme on devient exagérément méfiant après avoir été floué, les deux hommes deviennent sourcilleux. Ils déclarent également faux, cette fois à tort, *Les vieux saules*, une étude arlésienne hâtive montrant une route bordée d'arbres étêtés, second tableau acheté au même moment par Glaser et Perls chez Bernheim.

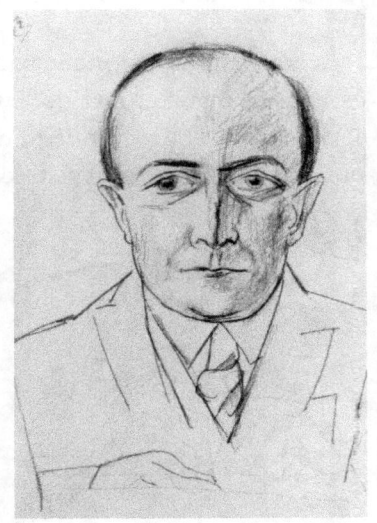

Hugo Perls n'est pas d'accord avec son cousin. Pour lui, le *Jardin* est authentique. Son jugement ne vaut cependant pas bien cher. Perls est de ceux qui trouveront toutes les qualités aux « Van Gogh » mis sur le marché allemand par Otto Wacker, un danseur reconverti dans le commerce de tableaux qui fut, à la fin des années vingt, à l'origine du premier grand scandale concernant le trafic de faux Van Gogh. Tous les marchands et tous les experts se sont d'abord fait prendre, mais Perls rafle le pompon : il a acquis, le tiers du lot, onze des faux.

Leo

Par des détours ignorés qui pourraient cacher la main de Perls, *Jardin à Arles* est présenté à la galerie Cassirer en 1914. La galerie semble l'avoir cédé peu auparavant à Leo Lewin, résidant à Breslau. Selon le catalogue de la Faille, Leo Lewin le tient de la Galerie Georg Caspari, fondée en juin 1913, qui va... le reprendre, au plus tard deux ans après.

Si l'information donnée par les catalogues de la Faille est exacte, on en est ainsi à trois retours de la toile au vendeur – retour chez Cassirer en 1908, retour chez Bernheim en 1909, retour chez Caspari en 1914 – et à une mise en cause enregistrée – Glaser et Purrmann.

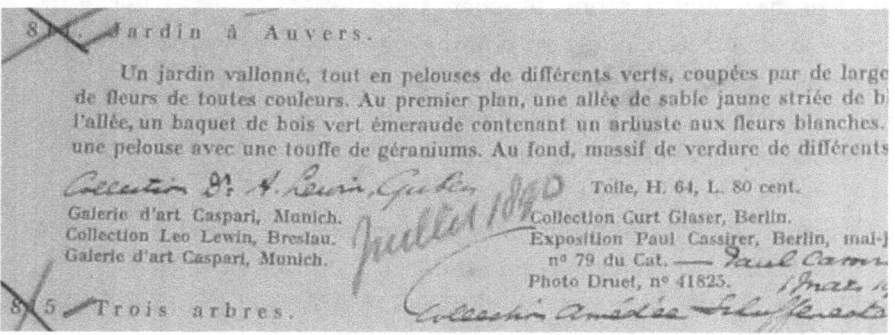

Des débuts difficiles, mais tous les accrocs peuvent être ravaudés. Chargé de préparer une vente du *Jardin* s'annonçant périlleuse, l'expert parisien André Pacitti, saura magistralement les masquer d'une pièce :

> « On doit également se pencher sur un autre aspect concernant cette toile, il faut parler de son « passé ». Elle a été entre les mains des plus grands marchands et des très grands collectionneurs ».

Certains détails sont si futiles.

Jacob

La toile semble être restée longtemps en pénitence chez Caspari, mais, fin 1927, Jacob Bart de la Faille la sauve des affres. Juriste reconverti dans l'art, il publie son monumental « Catalogue raisonné de l'œuvre de Vincent Van Gogh ». Parmi les œuvres qu'il classe dans la « période d'Auvers », sous le numéro 814, le *Garten in Arles*, rebaptisé : *Jardin à Auvers*.

Bart de la Faille, qui fut trop accablé pour que quiconque songe à prendre sa défense ou l'agonise davantage, manquait singulièrement de discernement. Pour lui, à Auvers, en soixante-dix jours – dont soixante-trois travaillés – Vincent avait peint 75 toiles. Son catalogue en ajoutera une soixante-seizième par la suite. Il aurait été préférable, pour tendre à ne conserver que les œuvres peintes par Vincent lui-même, de soulager la profusion de cette période de près d'un quart. Elle le sera un jour, mais les murailles résistent longtemps aux vagues qui ont finalement raison d'elles.

Dans sa notice du *Jardin*, comme il le fait pour toutes les œuvres qu'il retient, de la Faille décrit la toile, donne les dimensions, indique ce qu'il a pu reconstituer de l'historique, il dit quand il a retrouvé la trace de reproductions et dresse la liste des expositions dont il a eu vent.

Sa notice dit : « 814. *Jardin à Auvers*. Un jardin vallonné, tout en pelouses de différents verts, coupées par de larges massifs de fleurs de toutes couleurs. Au premier plan, une allée de sable jaune striée de bleu. Dans l'allée, un baquet de bois vert émeraude contenant un arbuste aux fleurs blanches. A droite, une pelouse avec une touffe de géraniums. Au fond, massif de verdure de différents verts ». Toile, H. 64, L. 80 cent. Galerie d'art Caspari, Munich. Collection Curt Glaser, Berlin. Collection Leo Lewin, Breslau. Exposition Paul Cassirer, Berlin, mai-juin 1914, Galerie d'art Caspari Munich, n° 79 du Cat. Photo Druet, n° 41825 ».

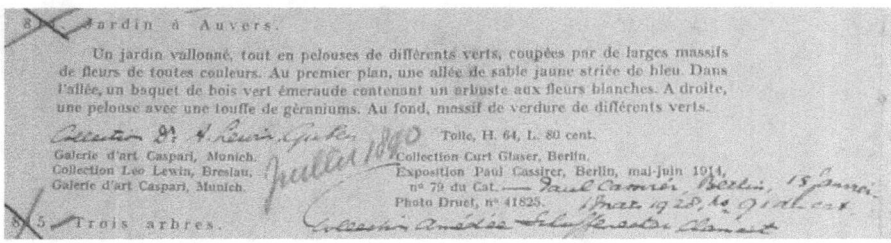

Pour de la Faille, le premier propriétaire présumé du *Jardin* est alors Curt Glaser. Il n'en sait pas davantage. Lors de la réédition du catalogue des peintures, en 1939, il notera que le *Jardin* a appartenu à Amédée Schuffenecker, le petit frère de Claude Emile.

Nul n'a dit d'où il avait puisé cette information, mais elle est fausse. Amédée n'a jamais détenu le *Jardin*. Quand il part chez Johanna en 1901, les frères n'ont pas encore fait le mic-mac d'échange et pseudo vente qui aura pour but de mettre la collection d'Emile à l'abri, lorsque son « boulet », il désigne ainsi sa femme Louise, demande divorce et exige partage. Une collection comme la leur ne pouvait évidemment pas être confiée à n'importe qui. Répétition fragmentaire de la *Ronde des prisonniers* de Gustave Doré, *Berceuse* grand format ou réduite, *Facteurs* et bien d'autres choses restaient soigneusement dissimulés.

La connaissance des méthodes de travail de de la Faille suggère une explication élémentaire. Le compilateur croisait les sources d'information : littérature, catalogues d'exposition ou de vente et faisait des déductions souvent à l'aveugle mal fondées pour identifier les toiles. Il n'existe dans les archives que deux occurrences Amédée-*Jardin*-Auvers.

L'une peut être écartée d'emblée : l'enregistrement du *Jardin de Daubigny Auvers* au numéro 25 de l'exposition « Quelques œuvres de Vincent Van Gogh » qu'organise Eugène Druet du 6 au 18 janvier 1908. De la Faille identifie en effet correctement son numéro F 777 la copie du *Jardin de Daubigny* aujourd'hui à Bâle alors prêtée par Amédée.

L'autre occurrence a toutes chances d'être à la source de l'erreur. Le relevé dressé en 1903 par le critique allemand Julius Meier-Graefe des œuvres attribuées à Vincent signale simultanément trois *Jardin de Daubigny Auvers* en France.[2] « Chez Gustave Fayet Château Védilhan près de Moussan (Aude), 6 tableaux importants, [...] *Le jardin de Daubigny,*

2 Julius Meier-Graefe, Entwickelungsgeschichte der modernen Kunst, 2 vols., Stuttgart 1904,

Auvers (dont Schuffenecker à Paris possède une répétition) ». La toile, évoquée, aujourd'hui à Hiroshima, est celle que Leclercq avait achetée, fait maquiller, puis cédée à Fayet deux ans plus tôt.

Meier-Graefe enregistre ensuite doublement la copie chez les frères Schuffenecker, une fois chez Emile, une autre fois chez Amédée. On lit : « En France. Le peintre Schuffenecker et son frère possédaient une très grande belle collection. Il y a encore 27 toiles aujourd'hui chez l'agent Schuffenecker à Meudon. Parmi elles,[...] Auvers, le *Jardin de Daubigny* ». Il recense enfin chez « Claude-Emile : Une partie appartient au frère. Celui-ci possède en plus à Paris [...] du dernier temps *Le jardin de Daubigny* ».

Meier-Graefe s'est simplement trompé en recopiant ses notes, les frères Schuffenecker ne lui ont présenté qu'un *Jardin de Daubigny*. Il était à Paris chez Emile, de Paris, comme l'indique la remarque en marge du relevé de la collection Fayet : « ... dont Schuffenecker à Paris possède une répétition ». Meier-Graefe a pris pour un Van Gogh la toile présentée comme tel.

Au cours du procès d'*Otto Wacker* ouvert le 2 avril 1932 à Berlin : « Le Dr Meier-Graefe demanda à être entendu, non en qualité de témoin, mais en tant qu'expert. Il conclut par cette phrase lapidaire : « Quiconque achète un tableau sur la seule foi des expertises et accepte de payer des prix monstrueux, mérite ce qui lui arrive. »[3] Il assura également, sous serment, savoir que Schuffenecker avait fabriqué des Van Gogh en utilisant les tableaux de sa collection. Serein octogénaire, Emile ne fut pas pour autant inquiété, et nul ne sait s'il a seulement appris la dénonciation de sa dupe, mi-expert, mi-marchand, qui avait efficacement contribué à ouvrir les portes du marché allemand à nombre de ses copies, pastiches et autres *à la manière de*.

Ignorant que le *Jardin à Auvers* était en 1903 chez Johanna Van Gogh en Hollande, Bart de la Faille, a « ventilé » l'information en vérifiant ses sources, en plaçant comme le relevé de Meier-Graefe le dit un *Jardin* chez Emile et le seul disponible autre *Jardin* disponible, *Jardin à Auvers,* « du dernier temps », chez Amédée. Ce faisant, il avait manifestement regardé le *Jardin à Auvers* comme une variante du *Jardin de Daubigny*.

3 Frank Arnau, L'art des faussaires et les faussaires de l'art (Kunst der Falscher, Falscher der Kunst) Traduit de l'allemand par Edith Vincent, Robert Laffont, Paris, 1960. p. 232

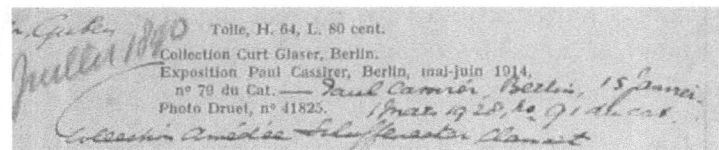

L'enregistrement au catalogue Faille permet apparemment que le *Jardin à Auvers* en pénitence retourne dans la famille Lewin, Caspari le vendant peu après… au docteur Alexander Lewin.

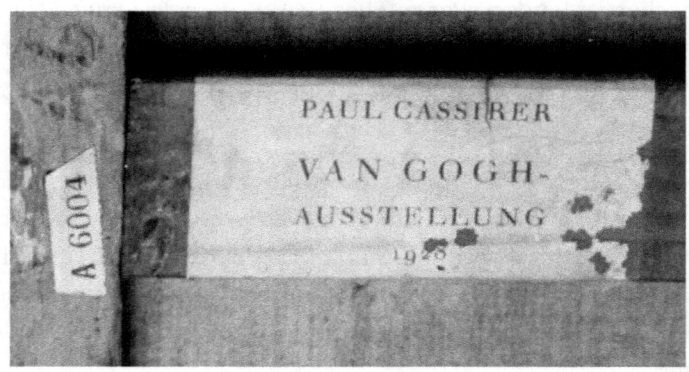

Le *Jardin* figure à l'exposition Cassirer de 1928 où éclate l'affaire Wacker et cinq ans plus tard, la toile est de nouveau la propriété de Cassirer. Son directeur, M. Walter Feilchenfeldt senior, la confiera bientôt au musée Boymans van Beuningen à Rotterdam qui l'abritera jusqu'à la fin de la guerre.

En 1937, un catalogue écrit par deux marchands de tableaux néerlandais M. Scherjon et Jos de Gruyter, *Vincent van Gogh's Great Period*, enregistre le *Jardin* comme authentique. Scherjon détestait de la Faille lui reprochait son incompétence et de la Faille en avait autant au service du marchand. Hôpital se moquant de l'infirmerie, M. Scherjon avait été, au moment du procès Wacker, l'un des défenseurs les plus enragés de l'authenticité de cette collection de faux. Il s'était également distingué en pourfendant l'authentique *Jardin de Daubigny*, alors conservé à la National Galerie de Berlin, pour lui préférer sa copie et avait défendu d'autres faux lors des litiges entre deux toiles attribuées à Vincent. Certains yeux biglent sec.

Jacques

Après la seconde guerre mondiale, une exposition à Rotterdam et un rentoilage à Amsterdam en 1946, le *Jardin à Auvers* part aux États-Unis dans la collection de Madame Alice Kurtz. Le catalogue de la Faille révisé, publié en 1970 par les services officiels néerlandais indique que Mme Kurtz confie ensuite à la galerie Wildenstein le soin de négocier sa toile et que la galerie la cède à M. Jacques Walter.

Il semble qu'il y ait eu un *slip of the pen* de quelque rédacteur. Les galeries Wildenstein et Knoedler sont certes toutes présentes à New York et à Paris, mais c'est à la galerie Knoedler, que, le 2 août 1955, Jacques Walter règle, à Paris, pour quinze millions trois cent soixante et onze mille francs, la toile qu'il acquiert.

Il semble d'abord impossible d'envisager passage entre les deux galerie avant l'achat de M. Walter. En 1955, un différend les sépare, Knoedler accuse Georges Wildenstein de pratique commerciale déloyale. Temps héroïques, rien de moins que le placement sous écoutes de ses lignes téléphoniques. Après un début de procès une solution amiable est trouvée, mais il ne devrait pas y avoir eu alors commerce, du moins si l'on en croit ce que Montesquieu avait remarqué : « Partout où il y a commerce, il y a des mœurs douces, partout où les mœurs sont douces, il y a commerce. » Ou l'inverse. En fait, si ! Ou presque. Daniel Wildenstein m'a précisé que si sa galerie n'a jamais vendu le *Jardin à Auvers,* elle s'est entremise. Madame Walter lui avait demandé d'acheter ce tableau qu'il jugeait personnellement « mauvais », mais « probablement vrai », pour le compte de son beau-fils, Jacques Walter. Le tableau fut en tout cas réglé directement à Knoedler. Si Madame Walter préférait acheter à New-York, c'est que son ami Jean Bouret, qui la conseillait pour ses acquisitions se méfiait fort du marché parisien. Le 25 novembre précédent il avait dénoncé dans son article *Van Gogh le mal aimé, Van Gogh le trahi,* du *Franc-Tireur* la choquante protection des Gachet par le Louvre et réclamé la vérité. Sourdement prémonitoire, il ajoutait : « Le mystère Van Gogh n'a donc pas fini de passionner les écrivains comme les psychiatres ».

14 OLD BOND STREET.
PARIS.
22 RUE DES CAPUCINE

M. KNOEDLER & CO., INC.

14 East 57ᵗʰ Street

Addresses
OEDLER."
. PARIS. LONDON

NEW YORK 22. N.Y. July 27, 1955

to Mr. Jacques Walter

Mines de Zellidja, Oujda, Morocco

PAINTING BY VINCENT VAN GOGH
1853 - 1890

"Jardin à Auvers"   Fr. Fcs.   15,371,000.00
33-1/2 x 25-1/4

Painted at Auvers sur Oise, July, 1890.

REPRODUCED:	by J. B. de la Faille, L'Oeuvre de Vincent van Gogh. Catalogue Raisonné, Brussels, 1928, Volume II, CCXXVI, Number 814; CATALOGUED Volume I, page 230, Number 814.
do.	by W. Scherjon and Joseph de Gruyter, Vincent van Gogh's Great Period, Amsterdam, 1937, page 371, number 214.
do.	by J. B. de la Faille, Vincent van Gogh, London, 1939, page 543, Number 797.
EXHIBITED:	at The Paul Cassirer Gallery, Berlin, May - June, 1914, Number 79.
do.	at The Paul Cassirer Gallery, Berlin, January 15th to March 1st, 1928, Number 91.
COLLECTION:	Mr. Curt Glaser, Berlin.
do.	M. Amédée Schuffenecker, Clamart.
do.	Mr. Leo Lewin, Breslau.
do.	Dr. Alexander Lewin, Guben.

PAID
AUG
2
1955

La vente, le 27 juillet 1955, du *Jardin* à Jacques Walter, par la galerie Knoedler, est attestée par deux exemplaires du certificat alors délivré. L'un, retouché à la main, conservé par la famille Walter, sera reproduit lors d'une mise en vente ultérieure du *Jardin*. L'autre, dépourvu des surcharges manuscrites indiquant curieusement le domicile genevois de M. Walter et les dimensions du tableau en centimètres, est conservé par la galerie Knoedler.

La provenance indiquée par Knoedler sur le certificat n'est pas conforme aux données des deux catalogues raisonnés publiés, le de la Faille de 1928 et sa réédition de 1939. Dans le premier, de la Faille donnait Curt Glaser pour premier propriétaire, dans le second, il indiquait qu'Amédée Schuffenecker avait détenu la toile avant Glaser. Le certificat de Knoedler permute les deux noms, indiquant que Schuffenecker a détenu la toile *après* Glaser.

L'hypothèse d'une inversion par inadvertance du guichetier est sans doute la bonne, mais la falsification fait désordre. Les frères Schuffenecker sont certes exemplaires dans les informations destinées au bas peuple ou à la justice, mais ils ont, dans le petit milieu des négociants en tableaux, une réputation exécrable si méritée qu'elle rend suspecte la disparition de leur nom comme premiers propriétaires de toiles attribuées à certains peintres.

La rumeur risque de ne pas désemparer, en 2002, deux chercheurs ont très officiellement attribué des simili Gauguin – dont une Gauguinisation d'un sujet de Cézanne – aux pinceaux de ce cher Emile. Les communications étaient au programme d'un symposium organisé par le musée Van Gogh d'Amsterdam visant à garantir l'authenticité des faux *Tournesols* appartenant au très, mais très gros sponsor du même musée. La plaquette officielle alors promue disait difficile de déterminer si Emile Schuffenecker pouvait être accusé d'avoir trempé dans de douteuses pratiques. La deuxième conséquence ennuyeuse est que la falsification de l'historique donne parfois, à qui compare, d'exécrables idées pour poursuivre le jeu dangereux de tripotage de provenance. Le mécanisme qui menace est toujours le même. On n'a manifestement pas falsifié la provenance sans bonnes raisons et si je ne la trafique pas à mon tour, de vieilles querelles risquent de resurgir.

Auvers period.
July 1890. Canvas, 64 by 80 cm. Dr A. Lewin's coll., Guben. Caspari Art Gallery, Munich. Leo Lewin coll., Breslau. Caspari Art Gallery, Munich. Curt Glaser coll., Berlin. Amédée Schuffenecker coll., Clamart. — Paul Cassirer Exh., Berlin, May-June, 1914, cat. n° 79. — Paul Cassirer, Berlin, January 15th-March 1st, 1928, cat. n° 91. — Photo Druet, n° 41.825.

Cat. Bart de la Faille, Hypérion *Jardin à Auvers* H 797 [F. 814]

Juliette

L'adresse donnée par Jacques Walter au vendeur est Mines de Zelidja, Oujda, Morocco. Dans un Maroc sous protectorat, il y dirige, depuis 1932, les florissantes mines qui appartiennent à Jean, son père. Le prix du *Jardin* est peu de chose pour le directeur de la société qui, en 1957, l'année d'avant que Jacques Walter ne la quitte, réalisera, 730 millions de bénéfices et en distribuera 560 aux actionnaires.

Jacques Walter collectionne. Il imite en cela l'exemple de sa belle-mère « Domenica », Juliette Lacaze, une aventurière dont son père a été follement épris et a épousée en secondes noces. Architecte constructeur d'hôpitaux, Jean Walter avait bâti une grande fortune par son travail et parfois en mettant à contribution les entreprises choisies pour exécuter les travaux, ce qui lui valut des ennuis et a donné un exemple trop suivi, si on en croit les dîmes qui ont assujetti bien des marchés publics. Il eut aussi la chance de profiter des filons zinc et plomb de ses mines.

D'abord maîtresse de Jean Walter, Juliette Lacaze était l'épouse du marchand de tableaux parisien Paul Guillaume. Réformé, partant de rien, Guillaume avait commencé à fabriquer sa chance dans le Paris déserté par ses hommes qui en partaient valides pour la guerre de 1914-18. En peu d'années il était devenu une coqueluche du tout-Paris. Sa seconde grande chance avait été le fol engouement de l'Amérique pour l'art alors en vogue à Paris. Il avait vendu cher, brassé beaucoup d'argent, on avait parlé de lui, il avait réalisé de belles performances et était devenu un grand marchand décoré. Attentif, se laissant conseiller, il avait, pour avantage sur d'autres négociants en œuvres d'art, l'oreille d'artistes et l'amitié de plusieurs d'entre eux. Son désespoir était Domenica. Il n'avait trop rien contre sa relation avec Jean Walter qui, par délicatesse, commodité ou dédommagement, l'hébergeait lui aussi dans son hôtel particulier, mais il voulait qu'elle lui fasse un enfant. Au point, dit-on, de menacer de la déshériter si elle n'y consentait pas. Puis, en 1934, il meurt subitement, comme à point nommé, à 44 ans. Son testament est introuvable. Les mauvaises langues disent que devant la menace de tout perdre Domenica se promène avec un oreiller sur le ventre avant d'adopter Jean-Pierre, un enfant trouvé, né cette année-là. Jean Walter s'est chargé des détails. L'adoption de Jean-Pierre ne sera toutefois reconnue qu'en 1941, trois mois avant que Domenica ne devienne Mme Jean Walter, veuve Guillaume. Jean Walter s'occupe de « Polo » comme de ses propres enfants. Polo grandit, mais déçoit sa mère qui le prend sans cesse davantage en grippe. Le 10 juin 1957, une voiture renverse Jean Walter. Domenica et son amant suivant, le docteur Lacour, conduisent l'infortuné à l'hôpital, mais il rend l'âme dans l'auto, apparemment de mort naturelle. Un document est présenté semblant indiquer que Jean Walter aurait laissé les mines Zelidja à Domenica-Juliette sa veuve et à Jean Lacaze, son frère.

Au début 1959, une double affaire défraye la chronique. Polo, qui avait été « chassé de la famille » par sa mère et qui s'était engagé volontaire dans les parachutistes avait quelques mois plus tôt porté plainte pour tentative d'assassinat. Deux « barbouzes », comme on disait à l'époque, étaient venus lui expliquer qu'ils avaient été embauchés pour l'assassiner, mais qu'ils faisaient une exception pour lui et renonçaient au contrat, leur code moral leur interdisant de supprimer un ancien sous-officier de parachutistes ayant vaillamment défendu le drapeau au feu. Ils conviennent de simuler un rapt. Polo en lieu sûr, ses assassins repentis à temps disent faussement leur contrat rempli, touchent une partie de la récompense promise et s'en vont remettre pépettes et Paulo aux enquêteurs. Pour d'autres, les choses ne se sont pas passées du tout ainsi, mais le commandant Camille Rayon a été trop bavard sur ce « contrat » de dix millions de francs – qui lui avait été proposé six mois après la mort de Jean Walter – pour que sa version soit mise en doute. L'affaire, à l'instruction, rebondit début 1959, avec des écoutes téléphoniques. « On » s'est acharné sur Paulo que Domenica aimerait déshériter et « on » a tenté de lui coller sur le râble une affaire particulièrement mal ficelée de proxénétisme. Lacour et Lacaze le frère de madame sont suspects d'avoir monté le coup. On les écoute et, sur la foi de leurs échanges téléphoniques, Jean Lacaze, administrateur délégué des mines de Zelidja, est accusé de subornation de témoin et écroué, le docteur Lacour, itou. Des plaintes se croisent dans une très nauséeuse histoire qui, miracle, rentre dans l'ordre avec les plaintes retirées, les dédommagements versés et, surtout, les dossiers judiciaires évaporés malgré leur hallucinante pesanteur.

La presse a donné de nombreux détails et Florence Trystram, qui accompagnait son père ingénieur aux mines et qui avait vu Jean Walter le matin de sa mort, en a tiré *La dame au grand chapeau*, ouvrage intelligent et bien écrit, sans doute pour cette raison passé sous silence par la critique. En 2010, *La diabolique de l'art* documentaire présenté sur France 5, résumera la vie de Domenica.

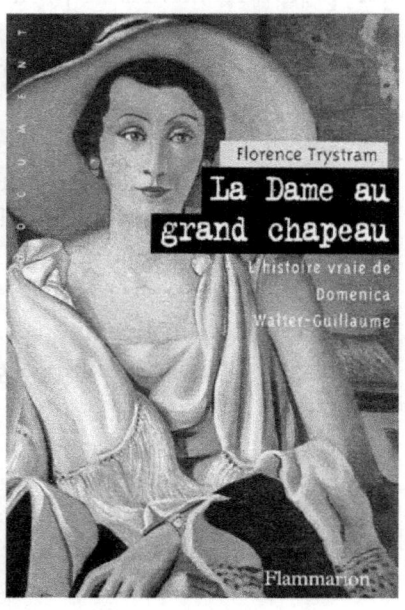

Avant que les dossiers ne jouent les filles de l'air, Domenica a consenti un geste qui a grandement pu faciliter leur évanescence. Officiellement non joignable quand son nom fleurit les manchettes, elle se repose « au Maroc », dans un hôtel, d'où elle négocie discrètement son dessaisissement au profit de l'Etat de sa collection en passe d'être baptisée « Collection Walter-Guillaume ». Quarante-quatre peintures intéressant immensément les collections nationales vont être cédées à un prix préférentiel – près de cent cinquante millions de francs – que les Amis du Louvre vont lui verser après les avoir rassemblés « par souscription spéciale... », souscription spécialement collectée auprès de... Domenica Walter et de son frère, selon la rumeur. En échange, l'État s'est engagé à exposer de manière permanente la « Collection Walter-Guillaume » maintenue comme un tout et à effectuer les travaux d'aménagement de l'Orangerie pour l'accueillir dignement. C'est, dit-on, l'exécution d'un vœu cher à feu Paul Guillaume et à feu Jean Walter qui n'en montreront aucune surprise. L'artisan de cet arrangement est André Malraux, un aventurier devenu ministre du Général.

Les accords passés entre Domenica et l'Etat – une seconde donation-vente, « d'une centaine de tableaux » pour deux millions et demi de nouveaux francs, a lieu dans des conditions voisines en 1963 – ne font pas que des heureux. Des descendants de Jean Walter, et particulièrement son fils Jacques, vont longtemps affirmer avoir été dépossédés. Aimablement surnommée « la veuve » par son grand beau-fils, Domenica est accusée d'avoir « cru habile de déguiser la donation en vente », d'avoir donné de l'argent à la Société des Amis du Louvre afin que l'Etat puisse acquérir la collection.

Cette revendication est abusive, Juliette était une femme prévoyante. Elle avait fait enregistrer les choses par acte notarié. Les œuvres d'art du couple, pour l'essentiel issues de la collection de Paul Guillaume, lui appartenaient en propre et les acquêts avaient le même statut. Les enfants Walter ne pouvaient prétendre en hériter, fut-ce pour partie. La double veuve avait le loisir de disposer de son bien à sa guise. Jacques Walter et ses héritiers batailleront cependant deux décades. Vingt ans après la mort de Juliette en 1977, la presse relaie encore la menace du départ de la collection de l'Orangerie.

Un an après la disparition de l'aventurière – dont la *Bentley* a été sérieusement endommagée dans le quartier latin le 28 mai 1970 par un groupe d'une trentaine de jeunes gens sous les yeux du chauffeur et du restaurateur médusés – Jacques Walter et son fils Marc, qui répondent d'infractions douanières, sont condamnés à un an de prison et à 13 millions de francs d'amende.

Ils sollicitent l'intervention du directeur des musées de France à qui il est demandé de rappeler la générosité toute spéciale de la « famille Walter ». L'intercession, imposée par le Ministère qui y voit un bon moyen d'empêcher les Walter de contester la donation-chantage, apporte un peu d'indulgence.

Michel

Jacques Walter remercie et, après son veuvage, demande, en 1981, l'autorisation d'exporter en Suisse où il réside son *Jardin à Auvers*.

Supposant sa toile sous le régime de l'« importation temporaire », il n'était pas nécessairement tenu, pour la réexporter, de disposer d'une autorisation, mais, le droit étant incertain, il préfère solliciter un blanc-seing. Puisque la générosité particulière de la famille Walter avait été utilement mise à contribution, l'argument est de nouveau brandi. Il s'abîma sur les mots du directeur des musées : « Pour cela nous avons déjà payé et n'avons pas pour coutume de payer deux fois ».

Persuadée qu'il ne peut s'agir que d'un fleuron égaré de la collection Guillaume, l'administration examine la demande et consulte le conservateur en chef du département des peintures du Louvre. Michel Laclotte, mal connu pour être spécialiste de l'art de Vincent, rédige une note déclarant le *Jardin* « capital ». Ne le connaissant qu'à travers une reproduction en noir et blanc gommant le heurt des couleurs dissonantes, il n'a pu trouver que des arguments confirmant la rareté toute particulière du fleuron. De fait, qui le suppose de la main de Vincent cherchera vainement un équivalent. La tache noire au milieu de l'allée, peut surprendre, mais, avec une bonne loupe, on peut avoir l'illusion de retrouver dans le fond (sans dessin) des bâtonnets dont Vincent avait fait sa marque de fabrique.

Faute de méfiance, feuilleter les rassurants catalogues n'a pu que fournir à Laclotte des raisons de prévenir le départ vers le paradis Suisse d'une toile sans concurrentes dans la « période d'Auvers ». Atypique de Vincent avec son relief désorganisé, ses plans confondus, ses six barquettes oblongues répétées et posées, raidies telles des planches de surf dévalant une verdure accidentée, son allée en forme d'ombre de tête de chat patiemment garnie de taches pointillistes appliquées (directement du tube par endroits ?), la toile bancroche devient d'intérêt national.

Avec la note du conservateur – à qui le directeur avait glissé : « Dites-moi ce que vous en pensez, mais sachez que j'ai les moyens de bloquer » – une machine infernale se met en branle.

En juin 1982, Jacques Walter est averti que son tableau, qu'il estime à six millions de francs, peut franchir les frontières à titre provisoire, mais à titre précaire seulement, la sortie à titre définitif lui est prohibée.

Il laisse couler trois années – qui rendent la décision effective – puis il décide de revenir à la charge. Son avocat, Maître Lombard, entreprend des démarches, hésite quand il s'aperçoit que Jacques Walter a négligé de lui signaler l'intervention des musées lors de l'affaire de la fraude fiscale, puis renonce.

M. Walter prend alors divers autres conseils, puis Edgar Faure qui ne sera pas découragé par les refus courtois que le ministère lui oppose. La famille Walter prend un nouvel avocat, puis encore un autre qui se succéderont dans une bataille de longue haleine les épuisant tous. Le quatrième fait valoir que l'exportation est possible, puisque la toile a été importée.

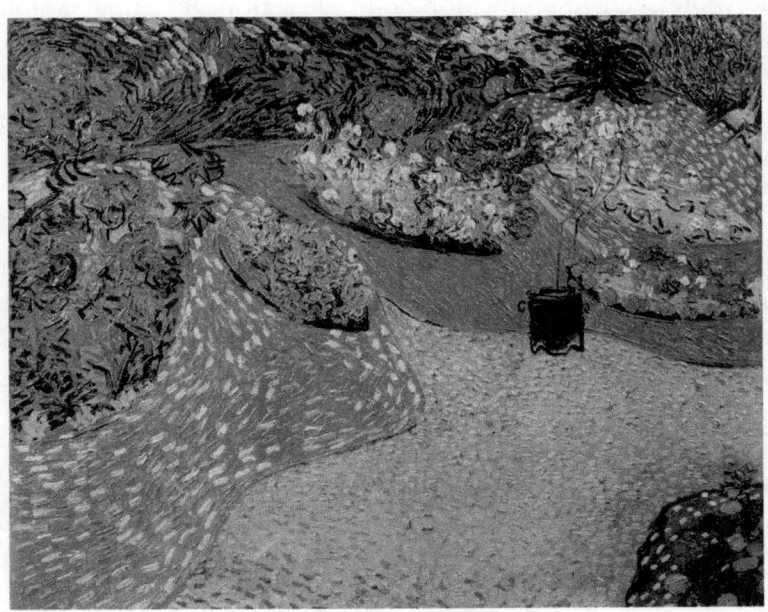

Françoise

Devant l'insistance et pour couper court, Françoise Cachin qui dirige le musée d'Orsay pousse la Direction des musées de France et le ministère à entamer une procédure en vue du classement de la toile à l'inventaire des Monuments historiques pour mieux geler le *Jardin*.

Rien ne presse absolument et la proposition de classer le Schuffenecker n'est pas plus justifiée que l'interdiction de sortie décidée précédemment, mais, l'aménagement de la loi sur la rétention des œuvres intéressant les collectionneurs nationaux étant annoncée sous la pression de Bruxelles, les conservateurs craignent que le vide juridique qui menace ne soit propice au départ du *Jardin* qu'ils convoitent. Ils vont s'appliquer à donner raison à Hérodote : *La hâte engendre en tout l'erreur, et de l'erreur sort bien souvent le désastre.*

Le 13 octobre 1988, Me Jean-Denis Bredin, nouveau conseil de la famille Walter, rédige un mémorandum de sept pages faisant valoir que le classement de la toile à l'Inventaire des Monuments constituerait un véritable déni de droit. Forte de pareil soutien, la famille Walter intenterait alors une action contre le classement qu'elle aurait quelque chance d'avoir gain de cause, mais elle opte pour une autre tactique.

Jacques Walter, qui réside à Genève, fait le mort et refuse tout courrier en rapport avec l'affaire. Mal conseillé, il imagine sans doute que la décision, mettant fin à toute possibilité d'arrangement, ne saurait être effective avant de lui avoir été signifiée. En novembre, il fait transmettre par son avocat une offre de donner un tableau en échange de l'autorisation de sortie.

Lors de ses contacts avec l'administration, l'avocat prend soin de dire qu'il refuse de recevoir des notifications qui seraient opposables « à celui dont il défend les intérêts ». Peine perdue, le droit est formel, se soustraire à la notification ne sert de rien, le délai court. La mise en instance de classement, décidée le 20 juin 1988, sera considérée comme ayant été notifiée « au plus tard le 18 octobre 1988 », date du retour au Ministère de la lettre recommandée signifiant la décision à Jacques Walter.

Quand, par le truchement d'une requête déposée devant le Tribunal administratif de Paris, il se plaindra de l'engagement de la procédure de mise en instance de classement, le Conseil d'Etat lui opposera que le délai d'un mois pour formuler des observations n'ayant pas été mis à profit, la supplique est hors délai, donc irrecevable.

Les œuvres du XIXe siècle étant désormais conservées au musée d'Orsay, la compétence est à sa direction. Françoise Cachin désigne comme rapporteur de la commission devant établir l'intérêt du maintien du *Jardin* en France un de ses conservateurs Henri Loyrette, qui la remplacera à Orsay avant de diriger le Louvre et dont elle dénoncera les dérives libérales.

Les réflexions, délibérations, attendus ou minutes de la commission ne sont malheureusement pas publiés, seul le *Canard Enchaîné*, rappelant au passage que le classement a été décidé « sur photo », en reproduira un extrait, notant : « ces fins spécialistes affirment que « l'objet (sic) présente au point de vue de l'art un intérêt public en raison de la place qu'il occupe dans l'histoire de la peinture ».

Qui irait vérifier, catastrophe, si le *Jardin* avait occupé autre chose qu'un discret strapontin dans l'histoire de la peinture ? Pas un mot sur lui où que ce soit. Pas retenu par un critique. Rien ! De l'invention crue. N'importe, l'histoire de l'art a son rythme propre, le manche y précède souvent la cognée, la formule était prophétique, *l'objet* allait se tailler une place bien à lui dans ladite histoire de ladite peinture.

Walter

Loin des mascarades parisiennes, le savoir vangoghien poursuit inexorablement sa route. En 1988, le musée Van Gogh publie, un *Cahier 2* intitulé : « Vincent Van Gogh et Paul Cassirer ». Il y a quelque indécence à mettre sur le même plan un marchand, qui a commencé à négocier des œuvres quinze ans après la mort d'un artiste, et le même artiste qui, à la veille de se tuer, a reproché à son frère de vendre des tableaux d'artistes morts : « *Car là nous en sommes et c'est là tout ou au moins le principal que je puisse avoir à te dire dans un moment de crise relative, dans un moment où les choses sont fort tendues entre marchands – de tableaux d'artistes morts – et artistes vivants* ». Mais ce sont de vieilles histoires ! Si vieilles que la veuve de Theo avait eu le temps de falsifier la phrase dans les éditions calculées de la *Correspondance*, pour mieux protéger la mémoire de son époux marchand.

Le *Cahier* se réduit à une étude du marchand de tableaux zurichois Walter Feilchenfeldt junior, fils du successeur de Cassirer. Feilchenfeldt s'est attaché à identifier les toiles qui ont transité par l'Allemagne entre 1901, date de la première exposition chez Cassirer et le début de la première guerre mondiale. Disposant de plusieurs registres de la galerie, M. Feilchenfeldt a remarqué l'inexactitude de nombre des provenances de toiles indiquées dans les catalogues de la Faille et a entrepris de les rectifier en croisant ses informations et celles du musée Van Gogh.

Sollicité par l'historienne de l'art berlinoise Astrit Schmidt-Buckhard, qui l'a interrogé sur la pertinence de la disqualification du *Jardin à Auvers* et des *Vieux saules* par Hans Purrmann et Curt Glaser, M. Feilchenfeldt lui a promis de montrer dans son étude, grâce à ses déductions sur les provenances, que la mise en cause de la toile vendue par son père en 1945 était sans fondement.

Le relevé de provenance du *Jardin à Auvers* et des *Vieux saules* que fournit son *Cahier* déçoit la promesse et remplace Glaser par… un blanc.

Il n'a pas vu de raison de reprendre ni la provenance Amédée Schuffenecker signalée par de la Faille, ni la propriété, peu discutable, mais devenue encombrante, de Curt Glaser. L'historique qu'il fournit pour le *Jardin* débute avec la propriété de Leo Lewin de Breslau. Un recoupement lui a permis de la vérifier. Le catalogue de l'exposition organisée chez Cassirer en 1914 note que le numéro 79, Garten, appartient à une collection privée de Breslau... où réside Leo Lewin.

Musée Van Gogh, Walter Feilchenfeldt, Cahier 2, 1988,   F 578 *Garden behind a house* bloc à placer sous F. 814 *Garden at Auvers*

1905 Amsterdam,SM; *No.148 Tuin met bloembedden*
1905 Hamburg,PC; *No.14 Garten (Arles)*
1905 Dresden,A; *no cat. same as Hamburg*
1905 Berlin,PC2; *no cat. same as Hamburg*
1906 Wien,M; *No.13 Garten*
1907 Berlin,13.Sec; *No.64 Hausgarten*
1908 Paris,BJ; *No.40 Jardin*
1908 Berlin,PC1; *No.15 Garten*

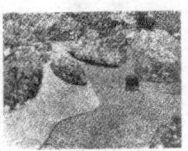

F 814   Garden at Auvers   64x80
Leo Lewin, Breslau
     1914 Berlin,PC; *No.79 Garten Privatbesitz.Breslau '70:81'*

Feilchenfeldt a joué de malchance dans ses tentatives de faire correspondre les différentes traces repérées dans les archives aux quatre

Musée Van Gogh, Walter Feilchenfeldt, Cahier 2, 1988

F 765   **Corner in the garden of Daubigny**   51x51
Johanna van Gogh-Bonger (VF)
     1905 Amsterdam,SM; *No.213 De tuin van Daubigny*
     1914 Berlin,PC; *No.126 Daubigny's Garten JvGB '51:51'*

F 776   **The garden of Daubigny**   53x104   Johanna Van Gogh
Vve. Daubigny, Auvers-sur-Oise ⟶   E. Schuffenecker
A.Vollard, Paris
Private Collection; Sale Paris 24.3.1900 No.22 ⟶   I. Stschukine
Bernheim-Jeune, Paris; April 1901 sold to
J.Leclercq, Paris (June 1901, Sold to G. Fayet)
     1907 Mannheim,KH; *No.1082 Garten von Daubigny*
     1908 München,Z; *No.4 Der Garten Daubigny*   ⟶ **F 777**
     1908 Paris,BJ; *No.90 Jardin de Daubigny* ⟶ **F 765**
     1910 Berlin,PC; *No.20 Der Garten Daubigny's 'Beachte rosa Haus.*
       Sehr helles Hauptbild' ⟶ **F 777**

F 777   **The garden of Daubigny with black cat**   56x101.5
Johanna van Gogh-Bonger
J.Tanguy, Paris ⟶ **F 776**
Amédée Schuffenecker, Clamart Copy by E. Schuffenecker
     1891 Paris; *List AB No.285 Jardin de Daubigny T.40 en long* ⟶ **F 776**

« versions » du *Jardin de Daubigny* retenues au catalogue : la *petite étude* de Vincent F 765, sa grande toile, la copie de Schuffenecker F 777 et le *Jardin à Auvers* F 814. Aucune des notices de son *Cahier* ne convient. Outre les manques, les confusions de collections sont multiples. Affectation au *Jardin près d'une maison* F 578, de l'historique du *Jardin à Auvers* entre 1905 et 1909 et les huit expositions où il fut alors présenté. Placement de

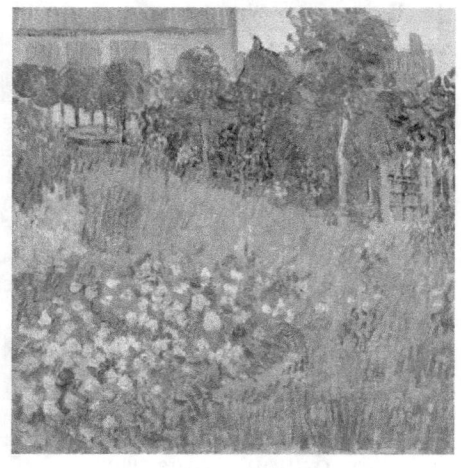

l'origine de la copie du *Jardin de Daubigny* dans la collection de Johanna Van Gogh où elle ne fut jamais. Grande toile vue quand la petite étude est prêtée par Johanna à Paris en 1907. Grande toile indiquée dans les expositions allemandes où les frères Schuffenecker ont prêté leur copie, etc. un fatras. Publié par un musée Van Gogh peu à-même de vérifier, Feilchenfeldt devenait le savant du secteur.

Les lettres de Vincent ne laissent de place que pour deux *Jardin* de Charles-François Daubigny, peintre qu'il vénérait, disparu douze ans plus tôt. Les deux toiles qu'il évoque sont identifiables et la nomenclature de la *Correspondance* permet de les dater. Vue partielle, la première prépare la seconde. Au 17 juin Vincent l'évoque : « *J'ai une idée pour faire une toile plus importante de la maison & du jardin de Daubigny dont j'ai déjà une petite étude.* »[889]

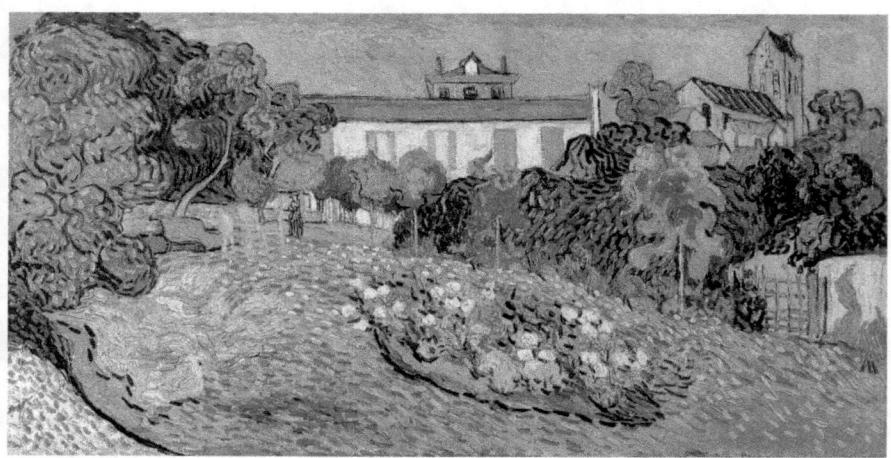

Deux toiles ne sauraient alors exister. Il est ensuite silencieux jusqu'au 12 juillet, date à laquelle il mentionne trois œuvres pour son frère: « *Maintenant la troisième toile est le jardin de Daubigny, tableau que je méditais depuis que je suis ici.* »[898]

La formule écarte l'éventualité qu'une autre vue du jardin de Marie Daubigny ait été peinte entre temps. Cette toile est l'unique version en grand format peinte par Vincent, mais l'existence de la copie de Schuffenecker a jeté le trouble et conduit les spécialistes à se disputer pour deviner de laquelle il pourrait s'agir. Plusieurs, comme le reprend le Van Goghmuseum dans la dernière édition de la *Correspondance,* font correspondre à tort la mention de Vincent à la copie de Schuffenecker. Les très nombreuses erreurs de copie dont la toile est le siège établissent qu'il s'agit d'une seconde version.

Lettre 898 note 5:
Van Gogh painted two large canvases of Daubigny's garden: Daubigny's garden (F 776 / JH 2104) and Daubigny's garden (F 777 / JH 2105). The one referred to here is the first version, F 777 / JH 2105. See exhib. cat. New York pp. 284-285. http://vangoghletters.org/ vg/letters/

A trois jours du suicide, Vincent mentionnera une troisième fois le jardin des Daubigny, derniers mots écrits de sa dernière lettre le 23 (ou du 24) juillet 1890 :

« *Peut-être verras tu ce croquis du jardin de Daubigny – c'est une de mes toiles les plus voulues [...] le jardin de Daubigny avant plan d'herbe verte & rose, à gauche un buisson vert & lilas et une souche de plantes à feuillage blanchâtre. Au milieu un parterre de roses. à droite une claie, un mur et au-dessus du mur un noisetier à feuillage violet. Puis une haie de lilas, une rangée de tilleuls arrondis jaunes. la maison elle-même dans le fond, rose à toit de tuiles bleuatres. Un banc et 3 chaises, une figure noire à chapeau jaune et sur l'avant plan un chat noir. Ciel vert pâle.* »[902]

Cette toile, sans modèle ni réplique comme l'impose: « *c'est* une *de mes toiles les plus voulues* » est celle dont Vincent avait annoncé la naissance dans sa lettre du 12 juillet. Son unicité impose, en marge de la croyance que l'existence de la copie peut induire, de découvrir à lquelle des deux toiles du sujet ces mots correspondent. Sa confrontation à la description au mot-à-mot écarte toute incertitude, Vincent décrit précisément la toile aujourd'hui à Hiroshima.

Rien ne dit exactement quand les dernières touches ont été appliquées, mais on doit supposer son achèvement très récent. Vincent, qui ne laisse pas d'ordinaire son travail en plan, aura simplement été retardé dans le projet entrepris.

Avant la description du *Jardin*, il a dit ce qu'il visait : *En ce qui me regarde je m'applique sur mes toiles avec toute mon attention, je cherche à faire aussi bien que de certains peintres que j'ai beaucoup aimé et admiré.* Charles François Daubigny cité des dizaines et des dizaines de fois dans la *Correspondance* est l'un d'eux. Qui dit cela dit, dans le combat pour la haute peinture qu'il mène, dit parfaite justesse et travail sur le motif. Les conditions climatiques peu propices ou l'accès au jardin de Marie Daubigny l'auront empêché d'achever sa toile baignée du soleil du quart d'heure magique. Ses roses et ses rouges sont attestés mais ils ont malheureusement disparus du fait de l'utilisation de l'éosine (ceux de la copie ont survécu, Schuffenecker n'ayant pas utilisé les même pigments).

Dès qu'il est admis que le *Jardin à Auvers* dérive du *Jardin de Daubigny* la première date qui puisse lui convenir est au lendemain de la dernière lettre. C'est l'une des raisons qui conduiront plusieurs auteurs à y voir « le dernier tableau de Van Gogh ». Le temps de séchage entre les couches empêche cependant ce placement *in extremis* et par défaut. Construit à petites touches sur une période s'étalant sur plusieurs semaines, le *Jardin à Auvers* ne tient tout simplement pas dans le seul endroit muet dans lequel on a cru pouvoir le placer : les trois jours entre la dernière lettre de Vincent et la balle qui lui interdira à jamais de peindre.

Sachant la décision de classement à l'inventaire des Monuments historiques imminente, Jacques Walter prie un huissier de constater, le 24 juillet 1889, que son *Jardin* se trouve désormais… dans une banque monégasque.

Il prend ainsi le risque de se placer sous le coup d'une exportation illégale délibérée, mais l'artifice peut rapporter gros. Il peut espérer profiter d'un vide juridique creusé par l'arrivée à échéance d'un délai. Afin d'éviter que les propriétaires ne mettent à profit le délai de procédure pour exporter une œuvre en instance de classement, la loi de 1913 prévoit que les effets du classement sont applicables dès la mise en instance, mais elle stipule que cela ne vaut que « pour une durée de douze mois ». Charge à l'administration de faire fissa. La mise en instance de classement datant du 20 juin 1988, le délai pouvait apparaître forclos, jour pour jour, un an plus tard, ouvrant la possibilité de sortir « légalement » la toile de France, avant que la décision de classement ne soit rendue. Las, le Conseil d'Etat notera que les douze mois courent à partir de la date de notification de mise en instance de classement. Le tableau rentrera en France.

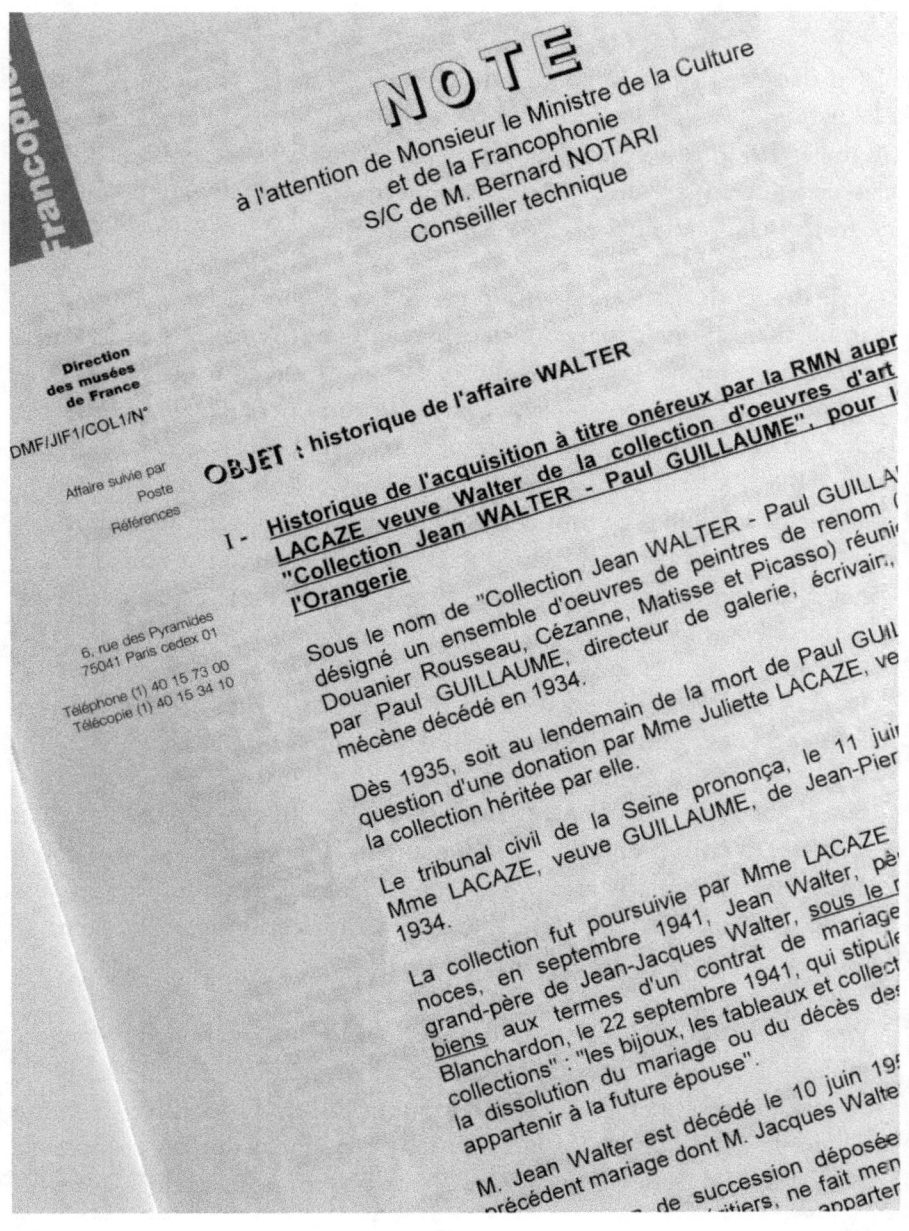

Jack

Par décret pris par Jack Lang, alors ministre de la Culture, le « *Jardin à Auvers peint par Vincent Van Gogh* » devient un Monument historique le 28 juillet 1989. Autrement dit, du moins peut-on l'espérer, la toile n'est classée à l'inventaire des monuments que si elle a été peinte par Vincent. Le reste-t-elle si elle n'a *pas* été peinte par Vincent ?

Si le décret de classement étouffe les chances de vendre le *Jardin* sur le marché international, où il pouvait espérer atteindre cinq ou six fois le prix du marché français, Jacques Walter n'est pas privé de toute perspective d'action. Il peut d'abord réclamer la vérification de la légalité du décret. Il peut également espérer un revirement motivé. Un classement n'est pas irréversible, l'article 24 de la loi de 1913 réserve « au ministre des Beaux-Arts » la possibilité d'y renoncer : « Le déclassement d'un objet mobilier classé peut être prononcé par le ministre des beaux-arts, soit d'office, soit à la demande du propriétaire ». Enfin, spoliateur, le classement peut engendrer compensation.

Jacques Walter commence par déposer, le 28 novembre 1989 divers recours en vue d'obtenir l'annulation de la décision de Lang.

Simultanément, ou en attendant le déroulement des procédures qu'il a engagées, il entreprend divers mouvements. Il tente d'abord de vendre le *Jardin* en France en vente de gré à gré par l'intermédiaire de la société Marc Blondeau. L'affaire s'engage, mais le collectionneur pressenti se désiste. Tous ne sont pas tout à fait aveugles.

Peu avant décembre 1989, une société basée au Liechtenstein achète le tableau. L'argent est versé par Hans Springer, un homme d'affaires de Stuttgart, représentant la société Ambin à Vaduz. Le contrat de vente est signé le 14 décembre et le règlement est déposé sur un compte de la D.G. Bank à Genève, mais gelé. Deux courriers sont alors adressés à Me Bredin. L'un, signé de Jean Gaudry, conseiller juridique lyonnais et ex-adjoint du maire RPR de la ville, dit : « L'acheteur est d'accord pour offrir, en échange de ce document administratif, une somme qui pourrait se situer entre 1 million et 1,5 million de dollars américains [...] Cette offre, n'a bien évidemment aucun fondement juridique légal ». L'autre, « émanant apparemment de Springer », mandate Me Bredin pour intervenir auprès du Ministère : « le porteur de la présente, Me Jean Denis Bredin, a tout pouvoir pour effectuer en mon nom les formalités, démarches et propositions d'usage ».

« Pour rendre service à des amis », Michel Reyt, un courtier socialiste, président de la SAGES, société de services bientôt suspectée d'être une officine de financement occulte du Parti Socialiste, transmet ensuite, à quelques jours d'intervalle, deux courriers et un dossier concernant une offre d'arrangement à Didier Hamon, chef du cabinet de Jack Lang. L'épisode n'ira pas au delà d'une note récupérée au hasard d'une perquisition disant : « commission bloquée à la SAGES », et « pour nous (ministère) un million de dollars à partager en trois ». Interrogés, les protagonistes n'ont pas souhaité expliciter ce propos cryptique. D'autres questions semblaient plus importantes. En 2000, le tribunal d'Evry condamnera Reyt pour trafic d'influence dans le cadre de marchés publics passés dans le département de l'Essonne à deux ans de prison avec sursis et 100 000 francs d'amende.

Jean-Claude

A l'époque, les transactions avec le ministère de la Culture pour obtenir la sortie de territoire d'œuvres frappées d'interdiction de sortie de France ne semblaient pas hors d'atteinte. Un mois plus tôt, un « troc » concernant deux tableaux de Picasso avait connu un dénouement spectaculaire. *Les noces de Pierrette* et *La Célestine*, avaient été respectivement interdites de sortie du territoire français en 1980 et en 1986. En 1987, le marchand Didier Imbert avait acquis la *Célestine* pour 21 millions de francs et, l'année suivante, Bernard Baque de Sariac avait cédé les *Noces de Pierrette* au financier suédois Frederik Roos pour 11 millions. Le 10 novembre 1989, pour cent millions, Imbert cède *La Célestine* à Roos qui a obtenu, en l'échange de la promesse de l'offrir au musée Picasso, la levée de l'interdiction de sortie des *Noces de Pierrette*. Les *Noces* sont adjugées trois semaines plus tard à Drouot par le commissaire-priseur Me Jean-Claude Binoche à M. Tomonori Tsurumaki pour 300 millions de francs. Baptisé sous le manteau « le troc de la place des Vosges » – où résidaient Roos, Binoche et Lang – le renoncement à maintenir l'interdiction de sortie avait dégagé un profit de deux cent soixante-huit millions de francs et permis l'entrée d'une œuvre dans les collections publiques sans bourse d'Etat délier.

En novembre 1990, Jacques Walter approche le commissaire-priseur Me Binoche qui consent à tenter pour le *Jardin à Auvers* « de refaire un peu ce que nous avions réussi avec *Les noces de Pierrette* ». Un tableau administrativement interdit de sortie du territoire national n'est pas nécessairement condamné à perpétuité.

Pour fonder sa démarche, Me Binoche fait bientôt valoir auprès du ministère que « le tableau est surévalué et ne mérite pas d'être classé ». Il assure disposer « d'arguments scientifiques » en attestant. S'il est possible d'entrevoir quelques-uns des arguments, scientifiques ou non, on ne saurait dire de quelles tares Me Binoche voyait le *Jardin* affligé.

Jack Lang qui s'est fait épingler, en marge d'un article sur *Les clairs obscurs du Jardin à Auvers*, par Roland-Pierre Paringaux dans *Le Monde* pour *L'art du troc* n'est pas très chaud. Il renvoie Me Binoche à ses services en annonçant qu'ils se rangera à leur avis, mais déclare le *Jardin*: « œuvre capitale de Van Gogh devant rester dans le patrimoine national ». Me Binoche sera reçu début 1991 et proposera un dédommagement financier compensant

Le précédent des « Noces de Pierrette »

L'art du troc

En 1980, la direction des Musées de France déclare que *les Noces de Pierrette* ont une valeur artistique telle qu'elles appartiennent au patrimoine national et ne peuvent être exportées. En 1986, une mesure identique frappe un autre tableau de Picasso, *la Célestine*. La valeur marchande des deux œuvres s'en trouve très réduite. En 1987, le marchand de tableau parisien Didier Imbert achète *la Célestine* 21 millions de francs. En 1988, un richissime suédois, Frederik Ross, achète les *Noces de Pierretta* 11 millions.

La suite fut un simple troc marchand, organisé avec la bénédiction de l'Etat. Chargé par son propriétaire de mettre en vente les *Noces de Pierrette*, M⁰ Binoche, commissaire-priseur parisien, savait fort bien que, dans les limites du marché français, le tableau ne ferait pas un bon prix. Aussi souhaitait-il obtenir une autorisation de sortie du territoire qui lui permettrait de faire monter le prix, lors de la vente aux enchères, entre 300 à 400 mil-

lions de francs. Comment arriver à en convaincre les pouvoirs publics ? C'est alors qu'il eut l'idée de contacter Didier Imbert en proposant une transaction : son client achetait *la Célestine* à un prix français pour, ensuite, la donner à l'Etat qui, en retour, accorderait la licence de sortie des *Noces*. M. Imbert ainsi que Jack Lang acceptèrent.

Le 10 novembre 1989, Frederik Ross acheta *la Célestine* à Didier Imbert pour 100 millions de francs. Le 30 novembre, les *Noces de Pierrette* furent vendues à Drouot par M⁰ Binoche 300 millions de france à un Japonais. Dans ce marché, Didier Imbert a gagné 79 millions de francs et Frederik Ross 189 millions. Le Musée Picasso s'est enrichi de *la Célestine*. Dans le même temps, la France laissait partir les *Noces de Pierrette*, comme si elles avaient perdu, en 1989, la valeur artistique que leur reconnaissait la direction des musées et le ministre quelques années plus tôt...

R.-P. P.

la perte que représenterait une autorisation de sortie, mais son offre demeurera sans suite.

Le 22 mai 1991, le musée Van Gogh est démarché par le *Chairman* de Stephen J. Spykerman, Financial Service, une entreprise domiciliée dans le Sussex. Il contacte les clients potentiels de deux toiles en mains privées, qu'il offre à la vente. Présentées comme étant de Vincent Van Gogh, elles sont prétendument issues du « Van Gogh Museum, Amsterdam ». Si la seconde est le – très beau – *Portrait de Patience Escalier*, bouvier arlésien peint par Vincent en août 1888 qui se trouve dans la collection Niarchos et aujourd'hui en prêt à la Kunsthaus de Zurich, la première, au nom écorné, « *Jardine a Auvers* », également référencée comme provenant du musée Van Gogh, est assortie d'une mention : « *Expertise direct from Van Gogh Museum, Amsterdam* ». L'expertise alléguée n'est pas connue.

L'année d'après, l'arrêt du 31 juillet 1992, du Conseil d'Etat, estime qu'il n'y a pas eu excès de pouvoir et conclut à la parfaite légalité du décret de classement du *Jardin* à l'inventaire des Monuments historiques. Jacques

Walter est débouté de l'ensemble de ses demandes.

Les attendus de l'arrêt, qui répètent avec insistance que le tableau *a été peint par Vincent Van Gogh*, considèrent « qu'il ressort des pièces du dossier que le « *Jardin à Auvers* » de Vincent Van Gogh est un témoignage important de l'art de la peinture à la fin du XIXe siècle : que la circonstance que, peint en France par un artiste étranger, il ait quitté la France après la mort du peintre pour n'y revenir qu'en 1955 n'interdisait nullement au ministre de la Culture de le regarder comme présentant un intérêt public au point de vue de l'histoire et de l'art ; qu'il a été fait, par suite, en l'espèce une exacte application des dispositions de la loi du 31 décembre 1913 prévoyant le classement des objets mobiliers… »

Les pierres d'achoppement auraient été de savoir : si l'intérêt public *du* point de vue de l'histoire était établi ; si l'auteur vrai du *Jardin* était étranger ; s'il avait peint en France ; s'il était mort ou non ; dans quelles circonstances et à quelle époque la toile avait quitté la France, etc., mais il ne faut point trop en demander. Personne, rigoureusement personne n'avait jamais travaillé sur ce tableau ni sur son histoire, on avait seulement fait semblant. Le rapport d'Henri Loyrette ne saurait passer pour une étude.

Deux mois plus tard, Jacques Walter assigne l'État devant le Tribunal d'Instance du premier arrondissement à Paris, lui demandant d'ordonner réparation du préjudice subi du fait du classement.

Il annonce également la prochaine mise aux enchères publiques du *Jardin* à l'hôtel des ventes Drouot. Le commissaire-priseur choisi est Me Jean-Claude Binoche, déjà familier du dossier. Les deux actions engagées par Walter se combinent, la vente publique doit permettre de quantifier le préjudice subi, le procès doit le rendre manifeste.

3

A vendre

Le public, oui, il est mécontent à certains
égards, mais il applaudit quand même
au spectacle de la réussite matérielle.
Il ne faut pourtant pas oublier
que ces applaudissements-là
ne sont que feu de paille ; ceux qui
applaudissent aiment surtout faire du bruit.
Il y aura un grand vide et un véritable silence,
le lendemain de la fête,
et beaucoup d'apathie après tout ce tintamarre.

Vincent, 11 décembre 1882

noche et gode

Vente du
dimanche 6 Décembre 1992 à 15h
Hotel Drouot - 9 rue Drouot, Paris

SUCCESSION HENRI HOPPENOT
Picasso, Lurçat, Leger, Masson, Marcoussis

VINCENT VAN GOGH
"Jardin à Auvers"

EDOUARD VUILLARD
"L'illusionniste", "Le petit déjeuner", "Le divan"

SUCCESSION FREDRIK ROOS
Gilbert & George, Schnabel, Cragg, Clemente, Condo,

binoche et godeau
commissaires-priseurs
5, rue La Boétie, 75008 Paris
Tél.: 47 42 78 01 - Fax: 47 42 87 55

Exposition
Hotel Drouot le Samedi 5 Dé

Sjraar

Préparant la vente, les commissaires-priseurs associés Binoche et Godeau s'entourent – se blindent serait plus juste – d'avis experts. L'un d'eux est, première expertise jamais écrite du *Jardin*, celui du *Rijksmuseum Vincent Van Gogh* qui dépêche Sjraar van Heugten, son responsable des dessins et *research curator*, pour examiner la toile à Paris le 15 octobre 1996.

Sagace, le jeune conservateur à son premier essai d'expertise publique remarque que la toile ne porte pas de signature ; qu'elle mesure 64,9 x 81,3 cm ; qu'il s'agit donc d'une « toile de 25 figures » ; que le support est « une toile préparée » ; qu'elle a été « rentoilée » ; que le châssis est « vieux » et qu'il peut s'agir de « l'original ». Le certificat qu'il rédige précise :

> *« La peinture a probablement été faite en deux sessions, comme c'est indiqué par le fait que les coups de pinceaux verts clairs dans la prairie à gauche ont été ajoutés quand la première couche de vert plus doux était presque sèche, puisque la dernière couche n'a pas été affectée par les coups de brosse plus tardifs. Quand la toile a été rentoilée, à certains endroits la matière a été légèrement endommagée (notamment dans le milieu des côtés droit et gauche) et le petit arbre vert foncé dans le coin en haut à droite, a perdu de sa définition. Néanmoins, la peinture a gardé toute sa vie. D'un point de vue stylistique ce travail séduisant est remarquable. Il montre très clairement comment Van Gogh à Auvers-sur-Oise a expérimenté avec des touches de peinture différentes et variées de manière à développer son style. Les buissons de la partie haute dans la moitié gauche sont peints dans un style « graphique » style sur lequel il a essayé sa main dans de nombreuses peintures d'Auvers (par exemple « Trois racines et troncs » F 816, Van Gogh Museum). Les petites touches vivantes dans la prairie sont aussi assez typiques pour cette période. La touche presque « pointilliste » du chemin est assez unique pour Auvers et pourrait être décrite comme un écho sophistiqué de ses derniers travaux à Paris. Cela comporte une petite ressemblance avec quelques parties de « Orchad with peach trees in Blassom » (F 551) actuellement dans la collection Phillips à Washington.*

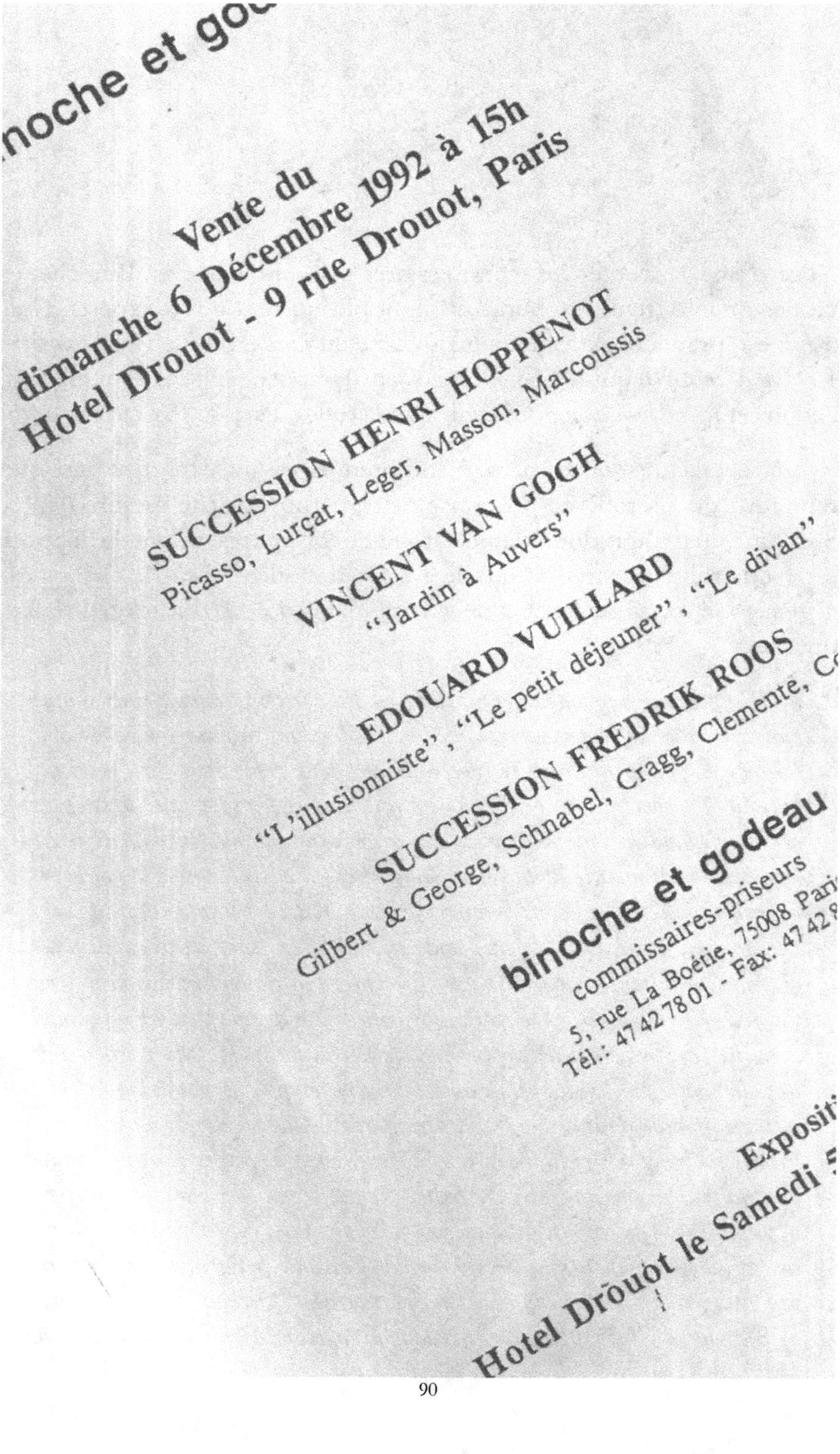

noche et go

Vente du
dimanche 6 Décembre 1992 à 15h
Hotel Drouot - 9 rue Drouot, Paris

SUCCESSION HENRI HOPPENOT
Picasso, Lurçat, Leger, Masson, Marcoussis

VINCENT VAN GOGH
"Jardin à Auvers"

EDOUARD VUILLARD
"L'illusionniste", "Le petit déjeuner", "Le divan"

SUCCESSION FREDRIK ROOS
Gilbert & George, Schnabel, Cragg, Clemente, C

binoche et godeau
commissaires-priseurs
5, rue La Boétie, 75008 Pari
Tél.: 47 42 78 01 - Fax: 47 42 8

Exposit
Hotel Drouot le Samedi 5

Dans le temps il est très proche des deux versions du « Jardin de Daubigny » (F 776 et 777) mais sa nature expérimentale rend impossible de dire s'il a été peint avant ou après ces deux tableaux. De toute manière il n'y a aucun doute sur l'authenticité du tableau ».

Quand elles ne sont pas contestables – plus de deux sessions ont été nécessaires ; les touches « assez typiques » ne le sont pas ; la réplique falsifiée du *Jardin de Daubigny* conservée à Bâle est acceptée – ces considérations sont insignifiantes et superficielles.

Elles n'apportent rien de discriminant en faveur d'une attribution à Vincent. La logique même de la démarche est inversée – « *Il montre très clairement comment Van Gogh à Auvers-sur-Oise a expérimenté avec des touches de peinture différentes et variées de manière à développer son style* » – tandis qu'une expertise devrait montrer en quoi la toile trouverait sa place parmi les œuvres de la période d'Auvers, et non dans celle de Paris (écho sophistiqué) ou d'Arles (*Pêcher* d'avril 1888, par ailleurs sans rapport). La découverte dans un tableau du mélange des styles de différentes périodes d'un peintre révèle invariablement le pastiche, les anachronismes sont le résultat des artifices qui ont visé à le rendre proche de son art. L'acceptation de la « nature expérimentale » indique pourquoi le lien à l'œuvre a été négligé.

La conception de l'étude n'est qu'apparemment experte. Ce qui *fait* un Vincent est, d'un même geste, la touche, un dessin, la profondeur, la lumière, un tout fondu en un ensemble produisant un tableau. En prenant isolément des touches sans s'inquiéter du dessin qu'elles produisent, on valide les faux de la terre pour peu que leur auteur véritable ait pris le soin de singer quelques-unes des habitudes de l'auteur présumé.

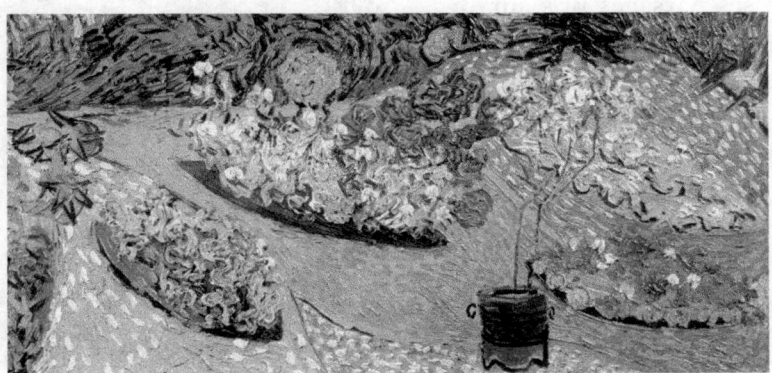

Imaginer que Vincent aurait pu patiemment attendre que la pelouse sèche avant d'aller poser de pauvres touches pointillistes (dont la taille ne se réduit pas avec l'éloignement, ce qui les rend « atypiques ») sur un morceau de « prairie » – fantaisie qui ne réclame pas trois minutes de travail – suffit à montrer l'incohérence de la démarche, l'oubli de la seule question posée.

Ce pointillisme est en outre d'une singulière absurdité, puisque les taches blanches censées figurer des pâquerettes épargnent tout à fait la pelouse centrale tandis qu'elles envahissent ses deux voisines. L'option décorative manifeste nous place loin du souci d'unité constant d'un Vincent respectueux de la nature.

Un empêchement rédhibitoire est ainsi transformé en son contraire, évacuant *la* piste qui aurait conduit à invalider le *Jardin* : il n'a pas été peint sur nature. Quand on se berce de l'illusion que Vincent aurait pu peindre à Auvers quelque quatre-vingt toiles en soixante trois jours travaillés, on doit au moins tenir pour suspecte une œuvre sans équivalent peinte en sessions étalées sur une longue période. La *Correspondance* et les œuvres suffisent à établir que Vincent ne manque pas de sujets à Auvers où il ne dispose pas d'atelier ce qui disqualifie répliques et autres « secondes versions » qui pourtant fourmillent. On ne saurait perdre cela de vue et accepter fut-ce un tableau hors normes à tous égard.

Il existe différents chemins, parfois complexes, pour se convaincre que le *Jardin* est imaginé, mais un raccourci est à la portée de tout un chacun. Dans un paysage la lumière augmente avec l'éloignement, cela contraint à plisser les yeux pour réduire la quantité de lumière et mieux discerner au loin, l'œil humain étant plus à son aise dans le sombre. En même temps la couleur s'affadit.

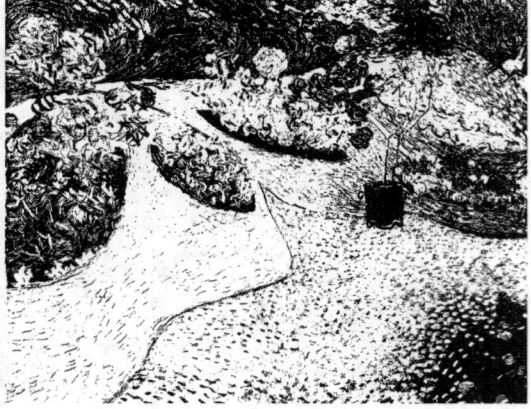

Dans ses paysages pris sur nature, Vincent rend la réalité, au delà des libertés qu'il prend. Ses premiers plans sont plus sombres que le fond. Il suffit de regarder le *Jardin* en plissant les yeux pour réduire la lumière et l'inversion – fond sombre *versus* premier plan clair

– devient manifeste. Cela montre qu'il s'agit d'un jardin construit et non d'un jardin observé. Les outils de traitement d'image permettent aujourd'hui de mettre nettement en évidence cette option décorative.

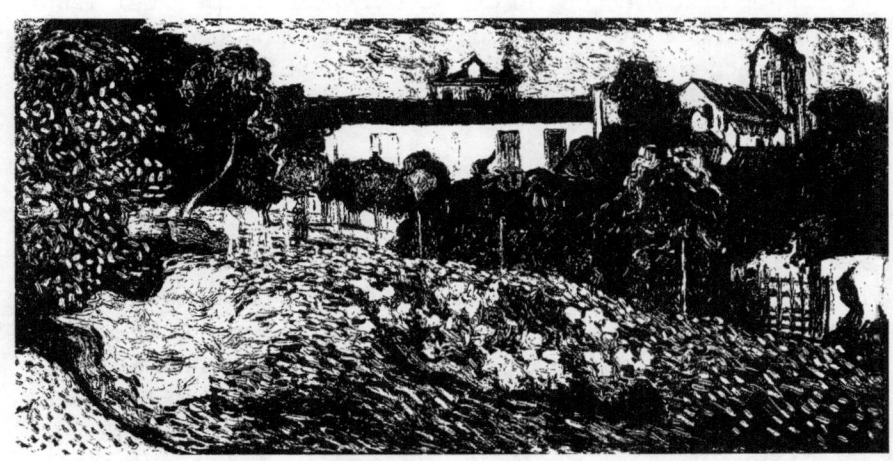

Appliqué au *Jardin de Daubigny*, le même traitement d'image par seuil de luminosité montre la différence fondamentale de conception entre les deux toiles. L'une profonde, toute en douceur, transitions, rappels et subtilités, l'autre brutale avec ses couleurs contenues dans des zones assignées qui, demeurant les mêmes, ne s'estompent pas avec l'éloignement, ce qui contribue à aplatir la vue et néglige la lumière.

Focalisé sur une touche qu'il se figure capable d'identifier, le conservateur a négligé ce qui aurait dû le conduire à un rejet sans appel : une peinture irréaliste n'est pas, ne peut pas être, une peinture de Vincent à Auvers. L'étrange dernière ligne de son commentaire, qui fleure l'ajout réclamé *ex post* pour faire bonne mesure et permettre de glisser la formule « aucun doute » indispensable au commerce, semble indiquer qu'il y avait justement matière à discussion.

Nonobstant ces considérations, il est bien étrange qu'un musée d'Etat dépendant du gouvernement des Pays-Bas, dépêche un émissaire non spécialiste de peinture pour cautionner la vente privée d'un Monument historique dans un Etat, en principe souverain, qui interdit cette pratique à ses propres fonctionnaires.

Quelle liberté de jugement ? Comment, sachant les conséquences, simplement concevoir que le tableau, Monument historique français, pourrait ne pas être de la main de Vincent ? Les enjeux transforment parfois les experts en chambre d'enregistrement.

SÉNAT 29 avril 1999 RAPPORT D'INFORMATION Par M. Yann GAILLARD, sénateur Marché de l'art, *la chance de la France*. / Assurer le bon fonctionnement du marché / LES CONSERVATEURS ET LE MARCHÉ / réponse de la Direction des musées de France

Les conservateurs du patrimoine comme tous les fonctionnaires, sont soumis aux obligations inscrites dans le statut général de la fonction publique ou dans des réglementations particulières. Ils doivent ainsi respecter l'interdiction de cumul de fonction et de rémunération (décret-loi du 29 octobre 1936). L'article 25 de la loi n° 83.634 du 13 juillet 1983 portant droits et obligations des fonctionnaires précise que ceux-ci « ne peuvent prendre par eux mêmes ou par personnes interposées dans une entreprise en relation avec l'administration à laquelle ils appartiennent, des intérêts de nature à compromettre leur indépendance ». [...] Ces dispositions de la loi de 1983 figuraient déjà dans le texte du statut général de 1946. Leur application constitue un premier frein à la réalisation d'expertise par les conservateurs. Dans le cas des conservateurs de musées, ces dispositions générales ont été complétées et précisées par des dispositions propres au statut de leur corps. [...] Les décrets n° 90-404 et 405 du 16 mai 1990 portant statut particulier des corps des conservateurs et conservateurs généraux du patrimoine concernent non plus les seuls conservateurs des musées mais aussi ceux relevant des spécialités suivantes : archéologie, archives, inventaire général et monuments historiques. Les articles 8 et 4 de ces textes disposent que « les membres de ces corps ne peuvent se livrer directement ou indirectement au commerce ou à l'expertise d'œuvres d'art et d'objets de collections », [...] Depuis le décret de 1963, tous ces textes statutaires prévoient toutefois, qu'après autorisation du ministre ou de l'autorité territoriale, les conservateurs du patrimoine « peuvent procéder à des expertises ordonnées par un tribunal ou donner des consultations à la demande d'une autorité administrative ». L'interdiction qui est faite aux conservateurs de musée de procéder à des expertises d'œuvres ou d'objets à la demande de personnes privées apparaît comme une mesure déjà ancienne et dont le rappel dans les différents textes statutaires rappelés ci-dessus, renvoie aux tâches des conservateurs et à l'exercice habituel de leurs missions. [...] L'interdiction de faire des expertises pour des tiers est indispensable pour que les conservateurs préservent leur impartialité et leur objectivité, et pour qu'ils n'apparaissent pas comme juge et partie lors d'opérations d'enrichissement des collections publiques.

Ronald

Le catalogue de la vente fait également état de l'opinion de l'historien d'art anglais le professeur Ronald Pickvance qui en vient au vif du sujet après de longues généralités. Supposant quatre toiles du *Jardin de Daubigny* authentiques – au lieu de deux – il conclut logiquement que « c'est de manière presque obsessionnelle qu'il [Vincent] s'attache au jardin de Daubigny ». Il reprend des données des lettres : « dès la mi-juin, il a terminé sa première étude (F. 765) d'une partie du jardin et de la maison, et prévoit une toile plus importante » (LT 642). Il signale que la « toile plus importante » est mentionnée comme achevée dans une lettre à Theo aux environs du 10 Juillet » : *j'ai encore depuis peint trois grandes toiles,* précisant : *Maintenant, la troisième toile est le jardin de Daubigny, tableau que je méditais depuis que je suis ici.* (LT 649).

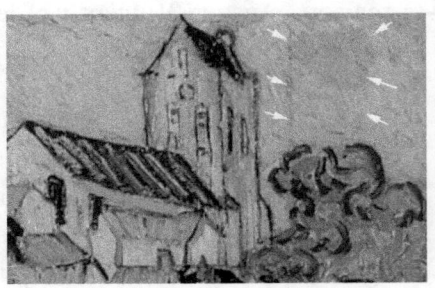

Pickvance, qui n'a pas remarqué le repentir qui indique que Vincent avait d'abord placé l'église plus à droite sur son *Jardin de Daubigny* (F. 776) – ce qui en fait la toile peinte sur nature et la seule candidate au titre de « première version » – note :

> « la toile plus importante, à laquelle Van Gogh fait allusion est le *Jardin de Daubigny*, aujourd'hui à Bâle (F. 777). Le format double-carré (50 x 100 cm) de cette œuvre lui permet de donner beaucoup plus d'ampleur au jardin qu'il ne l'avait fait dans la petite étude de la mi-juin ».

Il rappelle que « dans la dernière lettre à Theo, écrite le 23 Juillet 1890, il reproduit ce motif à la plume, et consacre une longue description au tableau » sans préciser que la description de Vincent ne renvoie pas à ce qu'il considère comme l'original. Négligeant le constat du collège d'experts unanimes à Berlin en 1934 pour dire que les deux grandes toiles ne pouvaient de la même main, il omet également la brillante démonstration d'Alfred Hentzen qui avait établi peu après pour la *Nationalgalerie*, sans rien connaître de Leclercq, de Judith Gérard ou des pinceaux de Schuffenecker, que la toile d'où le chat avait été effacé, par l'auteur de la copie, était l'original et la seule authentique.

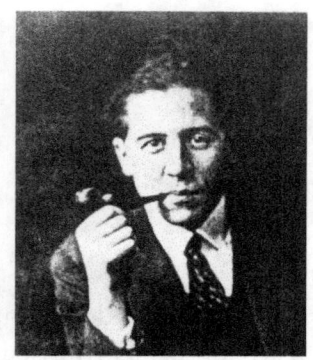

L'étude de Pickvance mentionne bien la phrase de la dernière lettre de Vincent indiquant qu'il a une seule version du *Jardin de Daubigny* à trois jours de sa mort, « *c'est une de mes toiles les plus voulues* », mais c'est pour le contredire en précisant presque aussitôt que : « Comme il le fait souvent pour des tableaux auxquels il est attaché ou lorsqu'il fait cadeau d'un portrait au modèle (ainsi avec Adeline Ravoux), il en peint une seconde version pour son frère Theo ». L'exemple est doublement mal choisi. Si Vincent a parfois donné un tableau à un modèle, il dit avoir pour Theo *une variante* de son *Portrait d'Adeline Ravoux* et il est acquis que Vincent n'a pas remis à Madame Daubigny le tableau montrant son jardin et sa maison, puisque Vincent n'a demandé que moribond à son frère de remettre sa toile à la veuve du maître.

Un raisonnement à partir d'interprétation d'archives donnait alors à Pickvance le sentiment que Vincent avait peint une première version pour l'offrir à Mme Daubigny. Ayant pris la réplique peinte par Schuffenecker pour l'original, son commentaire transformait, logiquement encore, l'original voulu de Vincent en réplique :

> « Cette réplique est celle du musée d'Art d'Hiroshima (F. 776), elle aussi au format double-carré. L'une et l'autre différent autant par leur composition que par leur gamme de couleur. Ce qui cependant distingue la réplique d'atelier de la toile prise sur le motif est la touche plus précise, presque pointilliste, ainsi que le contour d'un tronc d'arbre ou les divisions du jardin, d'inspiration cloisonniste ».

Vincent était précis sur le motif, comme, à foison, ses œuvres en témoignent – une découverte sur Vénus identifiée dans le ciel de la

Maison blanche vient encore de le confirmer — et sa toile ne montre pas de points, mais des hachures, qui ne deviennent des points (une dizaine) que pour figurer l'éloignement. Quant à l'inspiration cloisonniste, une ligne de contour ne saurait suffire à en attester, et cette manière renvoie à l'Ecole de Pont-Aven et à ses admirateurs parmi lesquels se comptait Schuffenecker.

L'étude aux prémisses fausses de Pickvance en vient ensuite au *Jardin à Auvers* lui-même :

« Trois toiles sont ainsi consacrées à ce que Vincent appelle « *le jardin de Daubigny* ». Qu'en est-il du tableau de la collection Walter ? Il pose trois problèmes. De quel jardin d'Auvers s'agit-il ? Pourquoi ce style nettement pointilliste ? Et comment s'insère-t-il dans cette série de tableaux double-carré ? Le titre générique de « *Jardin à Auvers* » semble avoir toujours été attribué à ce tableau, sans autre précision sur sa localisation. On est cependant fondé de penser qu'il s'agit une fois encore du jardin de Daubigny. En effet, sa composition semble suggérer que ce tableau représenterait une partie du jardin, prolongeant, vers la gauche les vues de Bâle et d'Hiroshima. Par ailleurs, si dans le tableau d'Hiroshima on remarque quelques traces d'influence pointilliste, en revanche, dans celui de la collection Walter, Van Gogh utilise une grande variété de techniques d'inspiration pointilliste : hachures, gros points, larges traits courts. Il s'agit donc d'une œuvre unique dans la production auversoise de Van Gogh. Si celui-ci introduit parfois une touche pointilliste dans certains tableaux, jamais il n'en use de manière aussi systématique. Jointe à la mise en page — point de vue en élévation, suppression du ciel, sinuosité des courbes — la composition contient en germe le caractère décoratif de l'Art-Nouveau. Le tableau de la collection Walter serait donc postérieur à la version d'Hiroshima, dont il constitue un développement affiné, résultant d'une évolution artistique. Il serait ainsi la dernière des quatre toiles consacrées au jardin de Daubigny, et l'une des dernières œuvres de Van Gogh à Auvers-sur-Oise ».

Rien n'indique, compte tenu de la façon dont Vincent a traité son *Jardin de Daubigny* dans sa petite étude et dans sa grande toile, qu'il faille conclure que le *Jardin à Auvers* constitue prolongation du lieu ou de la recherche. Il n'est pas de raison de regarder une œuvre évidemment construite d'imagination comme la figuration d'un lieu précis.

Dans leur démarche, les rédacteurs des deux certificats ont transformé en des justificatifs d'attribution les critères d'exception sur lesquels ils ont buté, la « nature expérimentale » pour van Heugten, le caractère « unique », le pointillisme « systématique », la « mise en page », la « sinuosité des courbes et le « caractère décoratif de l'Art-Nouveau » contenu « en germe » dans la composition, pour Pickvance. Tout cela ne contient que de graves motifs plaidant tous, séparément ou ensemble, pour le rejet de l'authenticité. La supposition que le *Jardin* constituerait un « développement affiné, résultant d'une évolution artistique » et qu'il en deviendrait « postérieur à la version d'Hiroshima », a, outre l'inconvénient d'être aussi fausse que gratuite, le désavantage d'entrer en conflit avec les conclusions de van Heugten jugeant de son côté « impossible de dire s'il a été peint avant ou après ».

Le *Jardin à Auvers* ne peut pas non plus se plier, et à la chronologie de Pickvance, et à celle de van Heugten. Leurs conclusions sont incompatibles entre elles et en conflit avec le connu. Après le 24 juillet, date de la dernière lettre dans laquelle Vincent mentionne un unique *Jardin de Daubigny* et le 27, jour de son suicide, – il n'a matériellement pas le temps de réaliser en « deux sessions [...] quand la première couche de vert plus doux était presque sèche, puisque la dernière couche n'a pas été affectée par les coups de brosse plus tardifs ». Des études postérieures évoqueront trois sessions certaines. L'impasse devient totale s'il faut en outre présumer que Vincent doit également achever la toile d'Hiroshima, longuement travaillée et la plus aboutie de toutes avant de se lancer dans une hypothétique « évolution artistique » reniant ce qu'il tenait pour le plus *voulu*.

En marge de ces savantes études, le catalogue de la vente présente un texte approximatif attribué aux « musées de France » qui semble avoir justifié le classement à l'inventaire des Monuments :

> « le traitement pointilliste et les emprints des courbes sinueuses à l'Art Nouveau font de ce Jardin à Auvers une œuvre particulièrement originale dans la production du peintre ca qu'accentuent le caractère décoratif de la composition proche d'une tapisserie et

l'absence de ciel. Pour la période d'Auvers-sur-Oise hormis le Jardin d'Auvers de la collection Walter il ne resterait plus que le Jardin aux tournesouls, de format plus petit (0,31 x 0,41); collection Rotchschild. Son importance et sa qualité justifient son classement en « moment historique ».

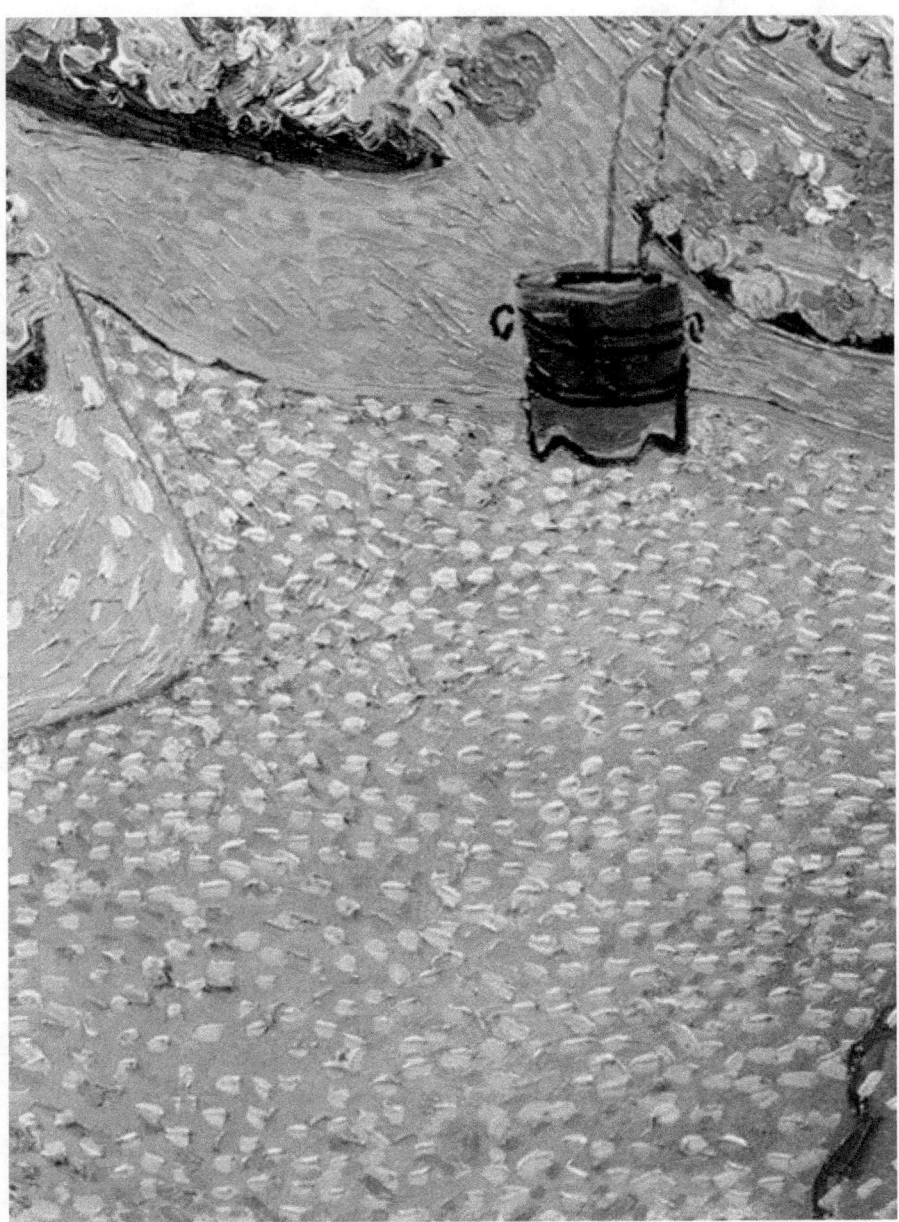

Jean-Marc

Une autre des questions non élucidées et soulevées par le catalogue de la vente, est l'historique de la toile. L'artificieuse inversion de Knoedler n'est pas reprise, mais le délétère patronyme Schuffenecker s'est évaporé. Amédée, le nom du *mouton noir* de la famille, ne figure plus à l'historique. Pour la première fois, est signalé le passage du *Jardin à Auvers* dans la collection de Johanna Van Gogh désignée comme son premier propriétaire. Rien ne dit d'où est issue cette indication en conflit avec les références bibliographiques fournies.

Ces diverses difficultés ne sont cependant alors d'aucune incidence, d'autres circonstances vont assurer le succès de la vente. Le banquier Jean-Marc Vernes, que l'on a dit être l'un des financiers du RPR, est intéressé. Il sait qu'un cancer le condamne et cherche à faire profiter ses héritiers du « régime des dations ». Ce principe, mis en place par André Malraux en 1968, permet, dans des conditions très précises, de s'acquitter de droits de succession par le « don » d'œuvres intéressant les responsables du Patrimoine.

La banque Vernes est alors florissante et sa transmission promet d'engendrer de lourds frais de succession qui pourraient être ainsi soldés. L'achat du *Jardin* serait un joli coup *post mortem* du banquier.

Acheté au prix du marché français, il serait accepté par la commission des dations pour un montant voisin de celui qui pourrait être atteint si l'œuvre était négociée sur le marché international. Jean-Marc Vernes a appris que les musées français verraient d'un bon œil la remise du *Jardin* en dation. Pour mieux dire, puisqu'on me l'a confessé, les musées français, Françoise Cachin à l'époque, ont « conseillé » M. Vernes. Il a reçu, en toute illégalité une assurance précise dont il fera état en privé : « Jean-Marc Vernes se vantait de le donner en dation pour 180 millions ».

Le 6 décembre 1992, Me Jean-Claude Binoche adjuge le *Jardin,* pour 55 millions de francs, à un Jean-Marc Vernes qui s'en éponge le front. L'acquisition d'art n'étant pas sa spécialité première, il confiera aux échotiers le sentiment éprouvé lors d'une dépense aussi soudaine qu'imposante, rappelant que bien peu en France sont capables d'un lever de main valant cinquante millions secs.

Deux semaines plus tard, Jacques Walter, qui verra Jean-Marc Vernes en « auxiliaire de l'Etat » dans une machination qui le dépouille, pousse ses feux et assigne l'Etat en justice. Il conteste la cession, trente ans plus tôt, de la « collection Walter-Guillaume », « libéralité déguisée » qui l'a, dit-il, lésé de sa part réservataire dans l'héritage de son père.

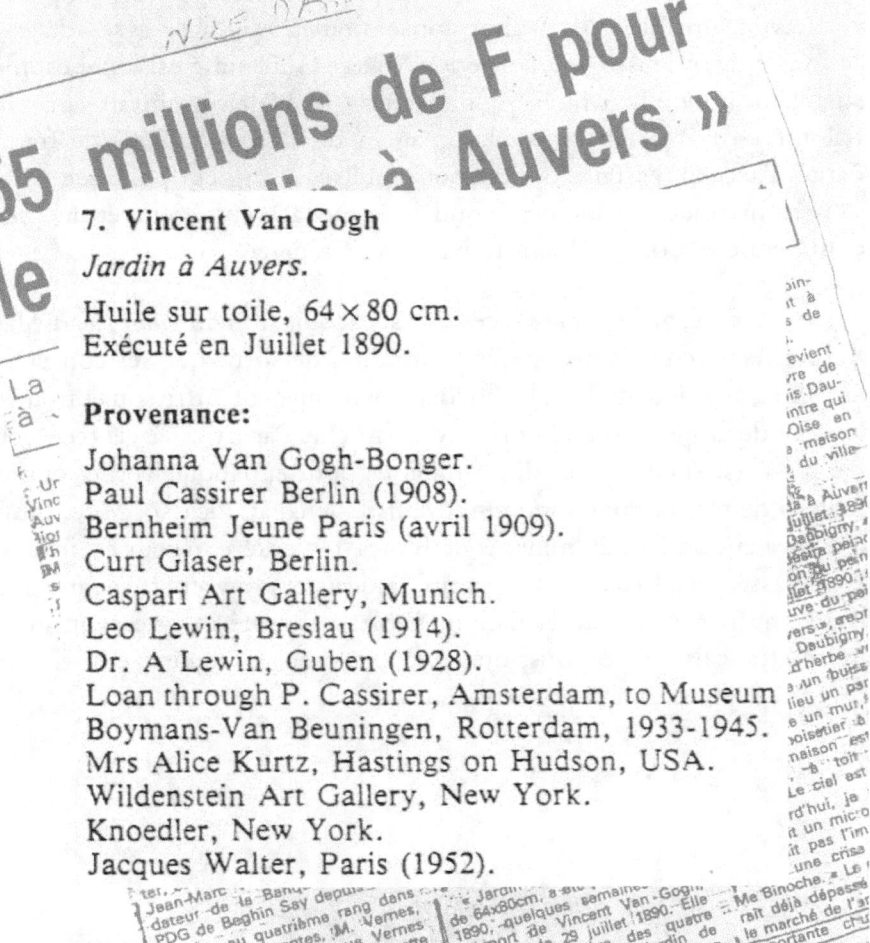

55 millions de F pour le ... à Auvers »

7. Vincent Van Gogh

Jardin à Auvers.

Huile sur toile, 64 × 80 cm.
Exécuté en Juillet 1890.

Provenance:

Johanna Van Gogh-Bonger.
Paul Cassirer Berlin (1908).
Bernheim Jeune Paris (avril 1909).
Curt Glaser, Berlin.
Caspari Art Gallery, Munich.
Leo Lewin, Breslau (1914).
Dr. A Lewin, Guben (1928).
Loan through P. Cassirer, Amsterdam, to Museum Boymans-Van Beuningen, Rotterdam, 1933-1945.
Mrs Alice Kurtz, Hastings on Hudson, USA.
Wildenstein Art Gallery, New York.
Knoedler, New York.
Jacques Walter, Paris (1952).

Michel

Une fois le contentieux entre l'Etat et Walter bien défini, apparaît M. Michel Pacary. Intermédiaire d'un peu d'entregent, il se fait fort, de le solder contre une commission de 15%. Le 20 janvier 1993, Pacary et Me Péninque l'avocat de la famille Walter assistent à une réunion chez l'avocat genevois Me Charles Bavier. Le 3 février, Pacary et Péninque sont reçus par la Direction des musées de France où ils proposent un accord amiable : M. Walter consentirait à renoncer à ses diverses actions contentieuses – la collection Walter-Guillaume est alors estimée aux alentours de huit milliards de francs – si L'Etat montrait sa bonne volonté en lui versant un dédommagement de 350 millions de francs. Faute d'accord, l'affaire pourrait être utilisée « au plan politique ». Les musées prennent visiblement soudain la menace au sérieux et une note confidentielle, dont Le Point fera état, sera rédigée.

De son côté, grisé par le succès qu'est l'acquisition du *Jardin*, Jean-Marc Vernes recherche d'autres œuvres interdites de sortie que ses conseillers en place lui désignent. Un intermédiaire partout actif offre son entremise. Le Monde rapporte qu'en « mars avril » Michel Pacary est à « la recherche d'un Matisse d'une valeur de 30 millions pour la banque Vernes et d'un tableau de maître contemporain, (Matisse, Chagal, Picasso, Miro, Dufy) d'une valeur de 15 à 20 millions de francs. Un critère majeur est imposé. Etre classé inexportable du territoire français et pouvoir être acquis sous le régime particulier de la dation. Tableau destiné in fine à un grand musée français. La commission à prévoir, précise un autre courrier, est de 15% à répartir en trois parts égales ».

Renaud

Deux mois plus tard, le Tribunal d'instance, rend un jugement que M. Walter ne peut que regarder comme favorable. Le principe d'un droit à dédommagement a été retenu par la cour et elle a désigné M. André Schoeller, expert près la cour d'Appel de Paris, pour évaluer le prix du *Jardin* à la date du classement ce qui permettra d'évaluer l'étendue du préjudice. L'Etat interjette appel le 11 juin 1993.

Le 28 octobre 1993, Renaud Van Ruymbeke, juge d'instruction qui s'intéresse de près aux financements occultes de partis politiques, entend M. Jean-Jacques Walter, le fils de Jacques, en qualité de témoin. Il aimerait savoir ce qu'il connaît de la SAGES, entreprise prestataire de services, dont le président est alors inculpé de faux, usage de faux et trafic d'influence aggravé. Au hasard d'une perquisition, Van Ruymbeke a saisi la trace de l'offre de dédommagement au moment de la vente avortée du *Jardin* à Springer et cette découverte l'a rendu curieux. Jean-Jacques Walter dit au juge tout ignorer de l'épisode, mais, ayant « décidé de combattre la corruption », il lui conte une longue histoire tournant autour du *Jardin*. Son père, puis lui ont, dit-il, été approchés par des aigrefins.

Selon ce que la presse a relaté des confidences de Jean-Jacques Walter, Me Tripet l'avocat de Jacques Walter jusqu'en 1992, a été, à deux reprises, sollicité par téléphone. De « proches collaborateurs de deux ministres de la Culture, Jacques Lang et François Léotard » auraient en 1982, puis en 1986, réclamé des millions trébuchants contre le sésame permettant l'exportation du tableau. Cinquante millions lors de la première sollicitation, trente à la seconde. Jean-Jacques Walter ajoute qu'en 1992, il a été approché par monsieur Pacary et assure que les faits se sont ainsi déroulés. Il avait assorti d'une courte note un relevé du contentieux pendant adressé au ministère de la Culture. La note disait que son avocat, Me Péninque, était habilité à recevoir les propositions d'arrangement amiable. M. Pacary avait alors approché Me Péninque lui disant que, contre quinze pour cent du montant de la transaction, il saurait être à la hauteur de la situation. Jean-Jacques Walter dit au juge n'avoir accepté pour mieux « piéger le corrupteur ». Pacary avait ensuite désigné Me Charles Bavier pour mettre les parties d'accord, un avocat qui était, Jean-Jacques Walter en avait la certitude, pièce maîtresse d'un système de corruption mis en place par Jack Lang. Hors ceci, pas grand chose. Van Ruymbeke consigne le témoignage… qui débouchera, le 25 avril 1994, sur une plainte contre X, déposée par Jean-Jacques Walter pour « tentative d'escroquerie, extorsion de fonds, corruption active et destruction de documents publics ». Personne ne le poursuit pour dénonciation calomnieuse.

Van Ruymbeke e...
...ons de l'ancien propriétaire de ce tableau de Van ...

En 1978, Jacques Walter et son fils Marc sont condamnés à un an de prison et 13 millions de francs d'amende pour fraude fiscale. Le directeur des Musées de France, Hubert Landais, serait alors intervenu pour « arranger » l'affaire. Mais, en 1981, lorsque M. Walter demande l'autorisation d'exporter Jardin à Auvers, c'est non. L'œuvre, jugée « capitale » pour le patrimoine français, est interdite de sortie. S'engage alors un bras de fer dans lequel les Walter vont tout faire pour contrer cet ukase. Ils ne seront pas les seuls à s'y essayer. C'est ici que se glisse le soupçon distillé par Jean-Jacques Walter dans sa déposition auprès du magistrat rennais : selon lui, des tentatives de corruption auraient été faites auprès de sa famille en 1988 et 1989.

Rencontres
ministère de la culture

André

Le 13 décembre 1993, André Schoeller remet son expertise judiciaire et le Tribunal peut reprendre ses travaux. Après examen du *Jardin*, M. Schoeller a estimé la valeur du tableau, au jour du classement, à trois cent vingt millions de francs. L'arrêt que rend le Tribunal d'instance précise que M. Schoeller a « examiné les quatre versions connues du Jardin d'Auvers peintes entre juin et juillet 1890 », c'est ainsi plus simple, qu'il a « émis un avis sur chacune d'elles » – sans apparemment s'arrêter aux anomalies largement explorées par de nombreux experts – et qu'il a conclu « de façon catégorique en ce qui concerne la toile litigieuse, en estimant qu'elle était l'aboutissement de tout l'art de Van Gogh ». M. Schoeller a au passage noté que « l'immédiateté de la sensation » qu'il a ressentie a été la même pour le *Jardin à Auvers* et pour le *Portrait du docteur Gachet*, vendu deux ans plus tôt 82,5 millions de dollars. Pour le tribunal, M. Schoeller a « rempli sa mission de manière suffisante et complète » et il n'y a « pas lieu à complément d'expertise », son étude est « précise, documentée et réfléchie ». Les attendus du jugement signalent par surcroît que « les conclusions de Monsieur l'académicien Maurice Rheims et celles de Me Binoche commissaire-priseur, en date du 30 octobre 1992 » ont fait « état d'un prix possible de 300 millions de francs minimum sur le marché international ». Rien ne dit de quels nouveaux appas s'est paré le *Jardin* que Me Binoche avait jugé surévalué l'année précédente.

D'attendus en considérations, d'estimations en lignes de calcul, l'arrêt du 22 mars 1994 du Tribunal d'instance du 1er arrondissement de Paris « Condamne Monsieur l'agent judiciaire du Trésor à payer à Monsieur Jacques Walter la somme de 422 187 693 francs [...] outre les intérêts légaux à compter de cette décision », et « Ordonne l'exécution provisoire de ce jugement ».

Le jour même, Jacques Toubon, ministre de la Culture, tient à préciser que son ministère n'a « fait qu'assurer la mission de l'Etat qui est la conservation du patrimoine français, en mettant en œuvre les moyens légaux de prévenir l'exportation des chefs-d'œuvre relevant manifestement des trésors nationaux ».

Au nom du Comité français d'histoire de l'art, Pierre Rosenberg, alors conservateur du Louvre qu'il dirigera plus tard, alerte l'opinion publique. Il déclare que « le principe de l'indemnisation aboutit à interdire dorénavant toute protection du patrimoine » et annonce qu'il sonne le glas de la possibilité de retenir des œuvres « encore » en mains privées. Il réclame à l'Etat « des modifications radicales et rapides des textes de loi et de sérieuses incitations fiscales en faveur des collectionneurs ». L'exclusion des œuvres d'art de l'impôt sur la fortune, incitation sérieuse s'il en est, lui semble manifestement insuffisante.

Edith

L'inculpation de Pacary dans une affaire de corruption, combinée à ce qui filtre des confidences fluctuantes de Jean-Jacques Walter et des décisions judiciaires en cours ou en suspens, bâtit un petit feuilleton qui fait le bonheur des gazettes. Des ministres de la Culture accusés de se repasser les dossiers de corruption, le côtoiement de personnages « douteux », les prêts à élus, des reversements de commission, l'art, la Suisse, Vaduz, l'argent, les intermédiaires, la passation, par les maires de plusieurs villes, de marchés locaux pervertis à des pourcentages hors usages, tout cela, vrai ou présumé, constitue un semblant d'affaire que le *Jardin à Auvers* semble cimenter. Ou la ville de Blois. Pacary a été l'un des sponsors de l'équipe de football et a offert, sans succès, les services de sa société pour renégocier la dette de la ville dont Lang a été le maire. Pacary « proteste avec vigueur contre les dénonciations calomnieuses dont il est victime » et annonce, par la voix de son avocat, qu'il va leur « donner les suites judiciaires qui s'imposent ».

La baudruche ne tient pas longtemps, mais elle se regonfle un peu en novembre quand Michel Pacary reconnaît devant la juge Édith Boizette que son système de renégociation des dettes communales avait pour activité subsidiaire, de 1982 à 1988, le collectage de fonds pour le RPR. Ayant pris le soin de ne reconnaître que des faits couverts à la fois par l'amnistie et la prescription, il évite les risques. Pour se protéger plus efficacement encore, il s'applique à mouiller du linge. MM. Pons et Toubon, puisqu'ils avaient été secrétaires généraux du RPR durant sa « période d'activité ». M. Alain Carignon l'ancien maire de Grenoble – ce qui permet de s'acheter un brevet de conduite à pas cher, Carignon a été condamné la semaine précédente à cinq ans de prison par le Tribunal Correctionnel de Lyon. Enfin Jack Lang, mais, cette fois indirectement, en confiant avoir remis « plusieurs millions de francs » à l'un de ses collaborateurs, sans avoir « jamais su pour qui était l'argent » mais précisant tout de même : « J'avais la conviction que c'était pour le ministre ».

En janvier 1996, Chantal Pacary confirmera les propos de son mari. Répondant à un journaliste elle affirmera que « le RPR prenait un pourcentage sur tout » mais que ce parti n'était pas le seul bénéficiaire des largesses de la compagnie de courtage bancaire du couple. Elle dira se souvenir qu' « un des proches » de Jack Lang est venu « chercher l'argent », « deux chèques et une enveloppe en liquide ». Jack Lang qui avait dit avoir « le cul par terre », et annoncé qu'il allait poursuivre les fauteurs de calomnies fait un exemple. Il obtiendra, en mai 1997, la condamnation du directeur et d'un journaliste de l'Express à 2000 francs d'amende chacun et 50 000 francs de dommage et intérêts. Selon le Tribunal, le but du journaliste était légitime, mais l'enquête manquait manifestement de profondeur.

Le 18 mai 1994, la première chambre de la cour d'Appel de Paris autorise l'État à ne pas dédommager la famille Walter… tant que le pourvoi en appel n'a pas été examiné.

L'arrêt tombe le 6 juillet. Le tribunal reconnaît le préjudice « direct et certain » engendré par le classement, mais il ne reprend, ni les estimations gravitant autour de 300 millions avancées par MM Schoeller, Binoche et Rheims, ni le mode de calcul du Tribunal d'Instance. Selon le mot d'un critique, la cour d'appel « se contente de limiter les dégâts », elle a trouvé un moyen terme : en 1989, M. Walter soi-même avait estimé la toile à 200 millions de francs, il l'a cédée pour 55 millions, l'État doit verser la différence 145 millions. Point.

L'Etat et Jacques Walter se pourvoient en cassation.

Jean-Marie

Le 14 décembre 1994, le Tribunal de Grande Instance déclare irrecevable la contestation de la donation Walter Guillaume présentée par Jacques Walter. Jacques Walter fait appel.

Peu avant que ne soit rendu ce jugement d'appel, M. Antonio de Robertis, un géomètre italien passionné de l'art de Vincent, contacte les services consulaires français en Italie. Pour lui, ni la copie du *Jardin de Daubigny*, ni le *Jardin à Auvers* n'ont été peints par Vincent. Il en avertit également le musée Van Gogh, qui sourit, puis entreprend d'instruire les journalistes français, contre-pouvoir supposé que cette affaire dans les affaires devrait concerner. La plupart reste de marbre, mais les faits sont suffisamment troublants pour que Jean-Marie Tasset, responsable du Service des Arts du *Figaro*, décide de mener sa propre enquête.

Le journaliste juge ses recherches suffisamment avancées au début 1996 et se propose de publier une double page au moment où le musée d'Art moderne de la ville de Paris présente son exposition *Passions Privées* avec, pour tableau phare, le *Jardin à Auvers* de Van Gogh. Ouverte le 21 décembre 1995, l'exposition doit durer jusqu'au 24 mars 1996. Le papier est prêt, mais la direction du *Figaro* bloque sa parution. La nouvelle circule cependant et, en peu de jours, beaucoup de gens s'émeuvent des éventuelles répercussions de ce qui va devenir « L'affaire du *Jardin à Auvers* » et plus tard une « cause célèbre ».

La conservatrice responsable de *Passions Privées* prie, et agit, pour que le papier ne sorte pas avant que son exposition ne s'achève. La direction du *Figaro* juge discourtois – et contraire à la liberté de la presse – de publier un article qui risquerait de porter ombre à Jean-Marc Vernes grand bienfaiteur du quotidien. Il semble également que, sachant l'homme malade, la direction du journal ait pris en compte des considérations humaines avant de décider du blocage de la parution de l'enquête.

Huguette

Le 23 janvier, à l'issue des débats, Huguette Le Foyer de Costil, Avocat Général de la première chambre civile de la Cour de cassation invite la cour suprême à rejeter les pourvois parallèlement formés par l'Etat et par Jacques Walter contre le jugement du 6 juillet qui avait décidé de 145 millions d'indemnisation en contrepartie du classement du *Jardin*. Le 20 février, la cour rend son arrêt, le pourvoi est rejeté, l'État va devoir verser à Jacques Walter les 145 millions de francs calculés par la cour d'appel.

Le représentant de l'Etat a fait valoir devant les juges que le ministre de la Culture aurait pu, en vertu de son pouvoir discrétionnaire, interdire l'exportation du *Jardin* sans pour autant procéder au classement. Le préjudice subi par le propriétaire aurait, dans ce cas, été strictement le même, mais il n'aurait pas été « indemnisable ». L'avocat avait, pour soutenir ce raisonnement, le précédent bancal de la collection de voitures anciennes Schlumpf. La Cour de cassation avait, en cette affaire, fait preuve d'une logique contestable en estimant que l'indemnité ne pouvait être réclamée au motif que, si le ministre n'avait pas classé (se contentant ne pas délivrer la licence d'exportation), aucun droit à indemnité n'aurait été ouvert. La réponse de la Cour est cette fois plus cohérente, elle estime que le refus d'exportation a pris la forme exclusive d'une mesure de classement d'office, laquelle ouvre bien droit à indemnité.

Depuis longtemps, il se murmurait dans le milieu des musées que la décision de classer le « canard boiteux » avait été un parti pris déraisonnable, mal fondé, précipité, voire « une connerie ». Le petit milieu maugrée de moins en moins discrètement.

A l'origine du classement, Françoise Cachin, devenue depuis directeur des musées de France, monte au créneau, furieuse que la spoliation prévue de Jacques Walter ait échoué. Pour elle, les pressions de Jacques Walter ont « contraint » l'Administration (autrement dit elle-même) au classement et c'est « la justice » qui semble avoir pris sa décision sans en mesurer toutes les conséquences. Elle regarde les cotes atteintes par les œuvres dans les années quatre-vingt comme des « montages médiatiques » ne correspondant pas, dans deux cas sur trois, à la réalité. Ce *Jardin*, « paysage atypique de la dernière période de l'artiste », elle le connaît bien, prétend-elle. Elle l'a même estimé jadis – « après consultation de plusieurs experts de la Fondation Van Gogh » – au plus fort du marché, à environ 80 à 100 millions de francs. Sans doute sa valeur a-t-elle chuté depuis.

Pathétique, quand on sait que sa manœuvre visait à faire rentrer le *Jardin* à Orsay, elle déclare sans ambages « absolument inadmissible que nous soyons le seul pays d'Europe qui ne se soit pas donné les moyens de protéger, pour les générations futures, le peu qu'il nous reste de notre patrimoine » et estime « de son devoir » de « souligner quel préjudice cette décision de justice représente non seulement pour le contribuable, mais pour la sauvegarde du patrimoine français ».

Devoir payer cent quarante-cinq millions pour une toile accusée d'être une imitation, reconnue par tous comme singulière, éloignée ou atypique de l'art de Vincent et dont le prix oscille entre zéro et 350 millions de francs – un an et demi du budget dévolu aux acquisitions des musées français – doit avoir quelque chose d'assez saumâtre.

Une maigre consolation est cependant incluse, la toile n'était pas dans les collections publiques et les promoteurs du classement vont pouvoir dispenser le contribuable du dernier effort qui pourrait l'y faire entrer.

Avec la condamnation de l'Etat, le mécanisme avance d'un cran et l'effet de cliquet joue. Les responsables de la bévue qu'était le classement, sottise somme toute assez bénigne, logique et amusante, n'ont plus le loisir de se dédire. La défense du *Jardin* va devenir toujours plus chaleureuse. Pressante même.

Le mal a finalement raison de la santé de Jean-Marc Vernes qui meurt le 4 avril. On apprendra quelques mois plus tard que des pertes de filiales sur le marché immobilier ont, en 1993, ébranlé la banque qui chancelle depuis. En septembre, une agence de notation évoquera « un risque de défaut de paiement sur la dette de la banque ». Trois ans et demi après l'acquisition du *Jardin*, la perspective du règlement de la succession de

Jean-Marc Vernes par dation s'éloignera inexorablement. Le prix du *Jardin* fondra aussi. Son estimation dans l'héritage Vernes, menée par Me Tajan, tombe à 25 millions, cote taillée à mi-chemin entre le prix d'achat et rien.

Le 20 mars 1996, Mireille Filippini, la juge du Parquet de Paris qui avait hérité du dossier de la plainte contre X pour corruption déposée par Jean-Jacques Walter instruite par le juge Van Ruymbeke – conclut que « les très nombreuses investigations effectuées ne permettaient pas d'apporter la preuve des délits dénoncés par la partie civile ». La chambre d'accusation de Paris prononce un non-lieu.

Le 9 avril 1996, la 1ère chambre de la cour d'appel de Paris confirme le jugement du 14 décembre 1994 et déclare, à son tour, irrecevable la contestation de la donation Walter-Guillaume présentée par Jacques Walter.

Le 29 juin, ouvre au musée de Pont-Aven une Rétrospective Emile Schuffenecker dont le *guest curator* est Mme Jill-Elyse Grossvogel spécialiste de ce peintre. Les œuvres exposées illustrent ce que Mme Grossvogel avait écrit du style de Schuffenecker : « ce cercle en puissance [...] Comme Hogarth, qui au dix-huitième siècle, décrit la perfection esthétique de la ligne serpentine, Schuffenecker, épris de l'élégance de cette ligne courbe, introduit dans ses compositions mystérieuses de la période symboliste des enlacements semblables ». Le catalogue marie pas Schuffenecker et esprit faussaire, mais le choix des œuvres illustre les doutes et les errements du compagnon de route de Gauguin en quête de personnalité.

Si l'on cherche en quoi le *Jardin à Auvers* s'apparente à la construction picturale de Gauguin dans laquelle baigne Schuffenecker, il suffit de prendre le tableau de La famille Schuffenecker peint par Gauguin peu après son retour d'Arles, aujourd'hui conservé au musée d'Orsay (repris aux Japonais au titre des dommages de guerre). Dans le coin supérieur du tableau, ajoutée postérieurement selon le laboratoire de recherche des musées de France, figure une petite nature-morte montrant deux compotiers garnis de fruits. On y trouve sur la gauche une forme d'œuf double, le compotier et le fruit, comme sur le *Jardin à Auvers*. Dans le fond à gauche la rupture de plan du mur est très voisine de celle du mur de verdure du *Jardin*. La forme elliptique du compotier légèrement transformée est répétée comme l'est celle des barquettes. Les fruits sont contenus dans les volumes des compotiers, comme les fleurs le sont dans leurs parterres. La vue est semblablement plongeante. Les courbes qui traversent tout le tableau de part en part découpent un premier plan traité à plat, comme celui de l'allée du *Jardin*. Pareille similitude de conception ne se retrouve pas chez Vincent. Jamais.

Elle rampait depuis six mois, en juillet, la rumeur meurt dans un *Plouf*, l'information est publiée. Le *Canard Enchaîné* signale que le *Jardin à Auvers* met *Le Figaro* dans un « léger embarras » : « Des soupçons d'experts pèsent sur l'authenticité de cette œuvre et une enquête du journal faisant longuement état de ces doutes est gardée sous le coude par la direction du quotidien. Il faut dire que le propriétaire du tableau en question n'était autre que feu le banquier Jean-Marc Vernes, grand pourvoyeur de fonds du, également défunt, propriétaire du *Figaro*, Robert Hersant ». Le journal conclut que si « La querelle d'experts vire à l'affaire de « grandes familles », il vire par voie de conséquences à « l'affaire d'Etat, puisque c'est à la demande expresse de certains conservateurs éminents que le tableau a été classé monument historique et qu'il a coûté déjà au contribuable la bagatelle de 145 millions. En attendant, la direction du *Figaro* n'a pas envie d'embêter les héritiers avec ces petites histoires. C'est pourquoi l'enquête sur l'authenticité du « *Jardin* » reste... au vert ».

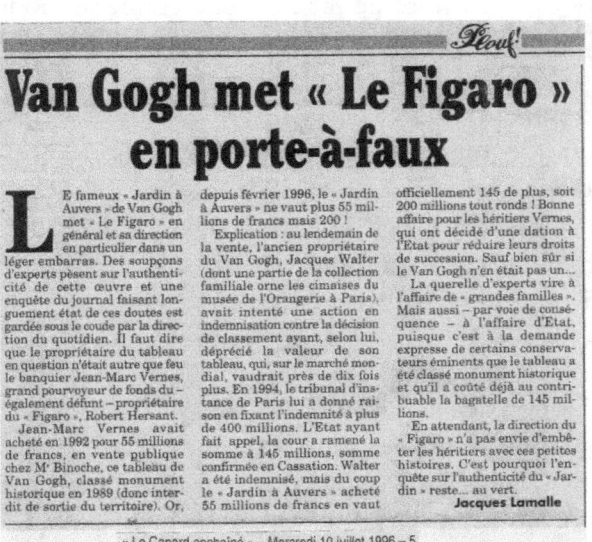

Plouf !

Van Gogh met « Le Figaro » en porte-à-faux

Le fameux « Jardin à Auvers » de Van Gogh en général et sa direction en particulier dans un léger embarras. Des soupçons d'experts pèsent sur l'authenticité de cette œuvre et une enquête du journal faisant longuement état de ces doutes est gardée sous le coude par la direction du quotidien. Il faut dire que le propriétaire du tableau en question n'était autre que feu le banquier Jean-Marc Vernes, grand pourvoyeur de fonds du — également défunt — propriétaire du « Figaro », Robert Hersant.

Jean-Marc Vernes avait acheté en 1992 pour 55 millions de francs, en vente publique chez Mᵉ Binoche, ce tableau de Van Gogh, classé monument historique en 1989 (donc interdit de sortie du territoire). Or,

depuis février 1996, le « Jardin à Auvers » ne vaut plus 55 millions de francs mais 200 !

Explication : au lendemain de la vente, l'ancien propriétaire du Van Gogh, Jacques Walter (dont une partie de la collection familiale orne les cimaises du musée de l'Orangerie à Paris), avait intenté une action en indemnisation contre la décision de classement ayant, selon lui, déprécié la valeur de son tableau, qui, sur le marché mondial, vaudrait près de dix fois plus. En 1994, le tribunal d'instance de Paris lui a donné raison en fixant l'indemnité à plus de 400 millions. L'Etat ayant fait appel, la cour a ramené la somme à 145 millions, confirmée en Cassation. Walter a été indemnisé, mais du coup le « Jardin à Auvers » acheté 55 millions de francs en vaut

officiellement 145 de plus, soit 200 millions tout ronds ! Bonne affaire pour les héritiers Vernes, qui ont décidé d'une dation à l'Etat pour réduire leurs droits de succession. Sauf bien sûr si le Van Gogh n'en était pas un...

La querelle d'experts vire à l'affaire de « grandes familles ». Mais aussi — par voie de conséquence — à l'affaire d'Etat, puisque c'est à la demande expresse de certains conservateurs éminents que le tableau a été classé monument historique et qu'il a coûté déjà au contribuable la bagatelle de 145 millions.

En attendant, la direction du « Figaro » n'a pas envie d'embêter les héritiers avec ces petites histoires. C'est pourquoi l'enquête sur l'authenticité du « Jardin » reste... au vert.

Jacques Lamalle

« Le Canard enchaîné » – Mercredi 10 juillet 1996 – 5

Jacques

Fin septembre, annonçant la mise aux enchères publiques du *Jardin* par le commissaire-priseur Jacques Tajan pour le 9 décembre, *Le Monde* reprend l'information et tente de faire le point sur la polémique sur l'authenticité du tableau « classé monument historique à la demande de conservateurs français éminents ». Signalant que « les experts s'accordent à penser qu'elle est bien de la main du peintre », le journal indique que « sa facture et les imprécisions concernant ses premiers propriétaires sont sources de polémiques ». Il note : « Si, *Jardin à Auvers* était un faux, l'État – donc le contribuable – aurait déboursé 145 millions de francs pour protéger un tableau qu'il ne possède toujours pas ». Ô plume suspends ton vol… Si c'était un vrai aussi, le contribuable *a* payé.

La mise en cause de l'authenticité amuse Jean-Jacques Walter interrogé : « Ça me ferait marrer que ce tableau soit faux après tout l'acharnement de L'Etat français pour le conserver, ça provoquerait un tel bazar ! Mais je n'y crois pas ». Elle semble en revanche désespérer Me Tajan qui déclare vertement : « Cette histoire de faux est une connerie monumentale » – manquant d'ajouter l'adjectif qui s'imposait : « historique ».

S'interrogeant sur l'origine des soupçons, le journal évoque la « zone d'ombre » qui « entoure en effet le premier propriétaire du tableau » et la contradiction entre le catalogue de la vente Binoche de 1992, qui indiquait Johanna Van Gogh et le catalogue de la Faille qui donnait Amédée Schuffenecker, lequel « n'avait pas bonne réputation, ayant fait commerce de nombreux faux ».

Interrogé au téléphone par deux journalistes bientôt héberlués, Me Binoche a répondu que la provenance qu'il avait fournie est « sans doute une erreur » avant d'affirmer s'être cantonné à « recopier le catalogue *Flammarion* consacré à Van Gogh ». Ce catalogue *Flammarion* n'indiquant pas de provenance, la déclaration va attiser la polémique. L'article du

Monde souligne qu'« un doute vient également » de l'absence du *Jardin* de l'inventaire de la famille et consent que « ce Van Gogh ne ressemble pas aux autres tableaux peints par l'artiste dans ses derniers jours ». La solution qui blanchirait le *Jardin* de tout soupçon fait office de conclusion : « En tout cas, l'attitude de l'État, lors de la vente du 9 décembre, sera un bel indice. Beaucoup s'attendent à une préemption, pour faire taire les rumeurs, autour de 50 millions de francs ». C'est bien dire combien le silence des « rumeurs » est prisé.

Le *Monde* donne également le point de vue du musée Van Gogh. Est reproduite une considération sur le style, dispensée par Sjraar van Heugten. Méprisant l'évidence, elle alimentera, elle aussi, largement la polémique : « Nous abordons toujours une œuvre avec une certaine réserve. Mais, dans le cas présent, il n'y avait aucun élément pouvant nous faire douter. ». Il précise, après avoir dit l'inverse : « Le style correspondait parfaitement à celui de Vincent d'Auvers ». L'avis sur la provenance émane de Louis Van Tilborgh, conservateur des peintures : « un expert allemand, Roland Dorn, a démontré, en se plongeant dans les archives de Bernheim-Jeune et en recoupant une photo prise en 1908 par le photographe Druet avec le catalogue de Bernheim-Jeune, qu'il y a eu confusion sur les noms et les numéros de toiles [...] *Jardin avec fleurs* est la toile que nous connaissons aujourd'hui sous le nom de *Jardin à Auvers*. Celle-ci provient sans conteste de la collection de Johanna Van Gogh-Bonger et les autres hypothèses ne tiennent pas debout ».

Outre que le titre *Jardin avec fleurs* ne correspond à aucune œuvre exposée par Johanna Van Gogh, ce qui ajoutait à la confusion, une confidence du directeur de la Galerie Bernheim-Jeune nourrit la controverse en sous-main. M. Michel Dauberville affirme peu après à Jean-Marie Tasset du *Figaro* tout ignorer de l'expert allemand censé s'être plongé dans ses archives très bien gardées.

Peu après, un revirement du galériste ne rassure pas. Fin novembre, une visite de Mme Cachin – dont la thèse de doctorat avait élu pour sujet Felix Fénéon, l'ancien directeur de la galerie Bernheim – convainc Michel Dauberville de fermer l'accès à ses archives. Se disant soudain las des polémiques préjudiciables à tous, le marchand s'empresse d'avertir maladroitement M. Tasset de sa volte-face. Il affirmera bientôt que le contenu des articles de M. Tasset – qui n'en a publié aucun – sont à l'origine de sa décision. Interrogé, il assurera ne pas avoir reçu de visite de Françoise Cachin.

Le 16 octobre, le musée du Prieuré de Saint-Germain-en-Laye accueille la rétrospective Emile Schuffenecker montrée à l'été à Pont-Aven. Chacun peut y remarquer combien la main de l'artiste est versatile et quel brillant pasticheur il a su se montrer. Ma rencontre avec Mme Grossvogel et la discussion que nous avons alors ne font que renforcer les raisons que nous avons chacun de nous méfier du pinceau qu'était Emile. La présentation de nombre de ses œuvres donne corps à la mise en cause des talents cachés du petit maître et plusieurs s'alarment.

Sachant que la reconnaissance du marché prime, semblant craindre qu'une phrase de Renoir ne s'illustre : « C'est Drouot qui a raison, ce n'est pas le Louvre », les intervenants qui assurent depuis trois lustres la promotion du *Jardin* entrevoient quel camouflet au prestige le ravalement de la toile lors de sa mise en vente menace de devenir.

Dans la polémique qui enfle, les arguments des opposants à l'authenticité de la toile sont tus ou tronqués, mais, par effet pervers, la campagne qui s'organise pour soutenir la vente va faire gagner du terrain au doute. Pourquoi aurait-on besoin de tant et tant de garanties officielles, d'un si beau chorus si, à tout le mieux, en face, deux ou trois amateurs inconnus, « autodidactes » à l'évidence dépourvus d'arguments et *a priori* bien inoffensifs, sont les seuls à avoir manifesté leur désaccord ?

L'affaire divise les médias qui ne savent à quels anges se fier. Les journalistes craignent de faire les frais d'une mauvaise option dans une discussion au bout de laquelle la réponse ne saurait être *in fine* que vrai ou faux. Le collège des experts officiels unanimes inquiète, mais impressionne d'autant plus qu'il est abusivement présenté comme sans failles. On néglige de rappeler que les affaires Wacker, Van Meegeren et dix autres ont montré qu'il est par nature univoque au départ.

La presse se divise rapidement en partisans de chacun des camps, mais, alarmée quand le pouvoir tape du pied, elle s'efforce de corriger le tir pour faire pièce à une « rumeur dont les effets s'annonçaient dévastateurs ». Premier à rentrer dans le rang, *Le Monde* décrète que « la querelle est vaine » et la connaissance de l'art de Vincent sans secours.

Pour le journal, les arguments sur le caractère « atypique » du *Jardin* sont sans portée, balayés qu'ils sont par une entité globale « les experts » : « seule compte la provenance du tableau : ou bien il provient de la famille Van Gogh et tout porte à croire qu'il est vrai; ou il vient d'Amédée Schuffenecker et le doute est possible ». Motif du nouveau credo, un *scoop* du journal qui reproduit en fac simile trois documents fournis par Roland Dorn et Walter Feilchenfeldt. L'un d'eux est une page du livre de caisse de Johanna Van Gogh anonymement fournie par le musée Van Gogh.

CULTURE

LE MONDE / VENDREDI 29 NOVEMBRE 1996

ENQUÊTE Le commissaire-priseur Jacques Tajan, en charge de la vente des collections du banquier décédé Jean-Marc Vernes, proposera, le 10 décembre, la mise aux enchères de *Jardin à Auvers*, de Vincent Van Gogh. Cette toile fait l'objet, depuis plusieurs semaines, d'une polémique. Trois spécialistes doutent en effet de son attribution. ● EN NOUS OUVRANT les livres de comptes d'un marchand du début du siècle dont il a conservé les archives, le galeriste suisse Walter Feilchenfeldt, installé à Zurich, plaide pour l'authenticité. ● CLAUDE-ÉMILE SCHUFFENECKER, expert-pasticheur qui a copié plusieurs tableaux de Van Gogh, à tel point qu'il est parfois cité comme le véritable auteur de *Jardin à Auvers*, fait l'objet d'une exposition au Musée de Saint-Germain-en-Laye. Les visées de cet artiste, ainsi que celles de son frère marchand d'art, restent mystérieuses.

Trois documents inédits éclairent la provenance de « Jardin à Auvers »

Des rumeurs de faux circulent sur cette œuvre de Vincent Van Gogh qui sera vendue aux enchères, le 10 décembre à Paris, par le commissaire-priseur Jacques Tajan. Consultés à Zurich, des relevés de transactions intervenues entre 1908 et 1909 apporteraient la preuve de son authenticité

L'embargo qu'impose la Fondation Van Gogh sur les archives, afin de les tenir hors de portée des chercheurs non déférents, retenait le musée de fournir officiellement le document. La page du livre de caisse fut présentée comme une pièce des « archives Feilchenfeldt ».

Couplés à d'autres éléments d'archives issus d'autres sources, les trois documents publiés paraissait établir que Johanna Van Gogh avait détenu le *Jardin à Auvers*, mais, faute d'accès à ses livres de comptes, à ceux de la galerie Cassirer ou aux fiches de la galerie Bernheim, la valeur probante ne pouvait être vérifiée. Surtout, cela ne faisait que déplacer le problème sans répondre à la question nouvelle induite : comment ce *Jardin*, trop éloigné de l'art de Vincent avait-il pu se frayer un chemin pour apparaître tardivement dans la collection de la belle-soeur du peintre ? Personne n'étant alors en mesure de porter le débat sur ce point, ni de répondre à la nouvelle question sous l'urgence, la cause apparaissait entendue, le *Jardin* (re)devenait « vrai ».

Chacun est à son poste jusqu'à Philippe Douste-Blazy, alors ministre de la Culture, qui déclarera la polémique « absurde », le tableau « parfaitement documenté » et « bénéficiant de toutes les garanties ». Le maire de Lourdes avait, outre le précédent de Mademoiselle Bernadette Soubirous, pour abriter ses certitudes un parapluie ouvert par son illustre prédécesseur. Jack Lang avait auparavant déclaré : « J'ai classé le *Jardin à Auvers* et j'en suis fier !» De grandes orgues s'étaient mises à jouer pour que la « grande vente », la « vente de prestige », la « mégavente » promise, soit un succès épatant.

Me Jacques Tajan, présenté par *Le Monde* comme « le plus controversé des commissaires-priseurs », donne de la voix pour taire les doutes : « Si chaque fois qu'un zozo s'agite il fallait que je réagisse… Dans cette affaire toutes les éminences grises qui ont à voir avec le sujet ont été consultées et aucune n'émet l'ombre d'un doute. Il faudrait que je sois masochiste et fou pour me lancer dans une vente qui mettrait ma réputation en jeu, qui porterait attente à ma réputation. Mon étude est la troisième du monde, j'emploie une soixantaine de collaborateurs. Les journalistes que je connais bien depuis que j'exerce ce métier sont toujours à l'affût du sensationnel. Très honnêtement, s'il y avait le moindre doute, je ne me lancerais pas dans cette opération ».

Me Tajan a choisi pour expert M. André Pacitti, qui rédige un pastiche – assorti au *Jardin* – des certificats présentés lors de la vente de 1992. La provenance qu'indique le catalogue de velours, or sur fond de gueule, édité par l'étude Tajan, s'efforce de tout concilier et marie jeudi avec dimanche. Elle place par exemple le nom de Schuffenecker en cinquième position, entre Curt Glaser et la galerie Caspari, sans doute afin d'éviter un conflit avec la provenance inscrite sur le certificat de la vente par Knoedler reproduit.

Les déclarations sont belles et unanimes – c'est à peine si une ou deux voix rappellent que « Ce n'est pas la première fois que les experts du musée Van Gogh sont sur la sellette » –, mais l'essentiel reste inquiétant on ne se bouscule pas autour du tableau. Seuls les naturels simples se figurent qu'une vente publique où les dollars sont pelletés par millions est un show médiatique improvisé. Cela est pour la galerie. Avant d'entrer en scène, l'*auctioneer* sait quels contacts ont été pris, quels sont les clients majeurs potentiels et, *grosso modo*, combien ils sont prêts à mettre sur la table. Ces contacts préliminaires permettent le calcul de la fourchette entre estimations haute et basse, un coup de poker finement joué ajoute souvent la dernière touche. Des *outsiders* peuvent faire irruption et les surenchères dans le feu de l'action sont fréquentes, mais ce sont alors des surprises.

Ne voyant rien venir, le commissaire-priseur se désespère. Le temps presse. En coulisses d'abord, puis par médias interposés, les musées et Jacques Tajan se livrent à une partie de patate chaude, le commissaire-priseur plaide pour que les musées se portent acquéreurs et les musées lui conseillent de trouver un client, proposant leur concours pour l'aider de leur mieux à assurer le succès de sa vente.

Peu avant la mise en vente, sortant de ses attributions de directeur des musées, Françoise Cachin, qui doit savoir que ses services ne lèveront pas le petit doigt, démarche. Elle apparaît, par exemple, aux côtés de Me Tajan sur les écrans de télévision où ils chantent ensemble l'éclat et la fraîcheur du *Jardin* à-l'authenticité-garantie-par-tous-les-experts-du-monde-entier et *mê-me pi-i-re*. En habitué, Me Tajan ne devait pas être trop surpris de la courtoisie de l'État, l'ambassade de France à New York avait coutume d'exposer dans ses salons les œuvres majeures (n'intéressant pas les musées français) que proposaient ses grandes ventes.

Il finit par trouver un client souhaitant bénéficier du système des dations – qui reçoit chaudement la garantie que la chose est par avance acquise – et annonce « trois clients ».

Jusqu'à la dernière heure, de vibrants plaidoyers se succèdent, réclamant que l'Etat rattrape le coup, au cas où les clients annoncés feraient faux bond. Le matin de la vente, le quotidien *Libération*, favorable au *Jardin* préalablement expertisé et garanti authentique par son critique du marché de l'art, s'habille en conseiller du Prince : « Ce soir les enchères pourraient atteindre les 50 millions de francs. La question qui se pose aujourd'hui à l'Etat est la suivante : les musées doivent-ils acheter la toile ce soir, et payer 200 millions pour avoir un Van Gogh qui puisse enrichir les collections d'Orsay ? ou vaut-il mieux avoir payé 145 millions pour ne rien avoir ? »

D'autres au contraire savonnent consciencieusement la planche, ainsi du *Parisien*. Sous le sous-titre peu équivoque « Jardin à Auvers » est très contesté », Le journal titre en gras « un mystérieux Van Gogh vendu ce soir ».

Le onze décembre, la presse fait grise mine en rendant compte de la mise aux enchères de la veille à l'hôtel Georges V. Personne n'a enchéri pour le *Jardin*. Jacques Tajan a mimé quelques enchères, jusqu'à 32 millions, puis il a mis les pouces, faisant mine d'adjuger, comme pour sauver l'honneur.

La comédie n'a débouché que sur un avatar supplémentaire. Abusé par le tombé du marteau, le collectionneur Richard Rodriguez, connu pour avoir dénoncé un trafic de pastiches d'œuvres de Jean Michel Basquiat, a cru le *Jardin* adjugé. Il est levé et a objecté que la vente est nulle, faute de mention faite du dernier catalogue raisonné dans lequel l'authenticité de l'œuvre est questionnée. Se départissant de son calme, Me Tajan, joue de la puissance de son microphone pour obtenir le départ du trouble-fête.

Les opposants à l'authenticité n'avaient pas apporté la preuve que le Van Gogh était posthume, mais le doute avait suffi. L'unanimité des intervenants requise faisait défaut. En matière de bien spéculatif, la perspective de revente doit apparaître garantie, faute d'unanimité l'investissement devient trop risqué.

Interviewé, Me Tajan se dit « affligé », au point de se refuser à révéler le prix de réserve. Annoncer qu'il était de 25 millions, aurait trop clairement indiqué la décote et mis en évidence le critiquable déroulé des « enchères ». Vague, il déclare : « Autour de 35 millions, j'aurais pris la décision de laisser filer » – l'accord était en fait de le céder à beaucoup plus bas prix. Et de fustiger « la presse ». Tout bien recompté, il écrira par la suite qu'il y a eu zéro enchère. Il est particulièrement dommage qu'il n'ait pas dit pourquoi son client avait négligé de l'avertir de son désistement.

Que personne n'ait voulu s'aventurer dans l'acquisition en promotion à moins que demi prix d'achat émeut des commentateurs qui voient s'alourdir le « boulet » que l'Etat traîne. L'affaire est devenue grave.

Jan

Dans les semaines qui avaient immédiatement précédé la vente, les milieux bien informés avaient appris que le catalogue raisonné tout juste réédité de Jan Hulsker dénonçait le trop grand nombre d'œuvres affecté à la « période d'Auvers » et que des signes avant-coureurs annonçaient des mises en cause prochaines. Il avait fait suivre la date présumée d'exécution du *Jardin à Auvers*, d'un point d'interrogation, valant rejet. Ancien directeur des Affaires culturelles des Pays-Bas, doyen des chercheurs indépendants, figure de premier plan des études vangoghiennes et auteur majeur sur la vie et l'œuvre de Vincent, Hulsker n'avait pas développé les raisons qui l'incitaient à préparer la sortie du *Jardin* Pour lui, un catalogue raisonné n'est pas le lieu approprié à pareilles discussions. Il était cependant devenu un adversaire résolu de son maintien parmi les œuvres attribuées à Vincent.

Le *Figaro* du 14 janvier suivant publie ses propos : « la récente polémique ne m'a pas surpris et je n'ai pas vu d'éléments témoigner en sa faveur. Il me faut bien envisager qu'elle soit posthume, c'est une de celles qui ne semblent pas être de la main de Vincent ». Après avoir pris, pendant un quart de siècle, pour référence d'authenticité des œuvres recensées le catalogue de la Faille révisé de 1970, dont il avait été l'un des rédacteurs, Hulsker s'est affranchi de la tutelle.

> – Vous voulez dire que les œuvres douteuses pourraient être…
>
> – … posthumes ? Tout à fait, ma réponse sur ce point est un inconditionnel « *absolument* ».
>
> – Le « Jardin à Auvers » ?
>
> – Le caractère très différent de cette toile, d'ordinaire affectée aux toutes dernières semaines de la vie de Vincent, a souvent attiré mon attention. La récente polémique ne m'a pas surpris et je n'ai pas vu d'arguments venus témoigner en sa faveur. Il me faut bien envisager qu'elle soit posthume, c'est une de celles qui ne me semblent pas être de la main de Vincent.

Avoir osé indiquer quelles œuvres lui paraissent d'authenticité contestable lui vaut l'hostilité du musée Van Gogh qui se met à regarder comme un traître celui qui, depuis son départ au Canada à sa retraite, a inlassablement fourni à ses chercheurs réflexion sur réflexion, étude sur étude. Le staff du musée qui se déclare seule voix autorisée à statuer supporte mal l'ouverture et l'indépendance d'esprit qui conduisent Hulsker à s'intéresser au contenu des études plutôt qu'à la qualité présumée des rédacteurs. Le vieil homme sait à peu près tout des histoires, parfois vertigineuses, qui ont émaillé l'héritage de Van Gogh, il devient un monsieur dangereux.

Ses réserves sur le *Jardin*, datent de l'année précédente. Nous sommes en correspondance depuis quelques mois quand, en septembre 1995, je lui adresse une liste d'œuvres douteuses, parmi elles, le *Jardin à Auvers*. Lisant ma lettre, il l'annote et écrit en face du *Jardin* : *Lijkt mij ook vals* – Me semble faux à moi aussi. Quand il sera insinué dans un prétoire que Hulsker s'est borné à remarquer l'absence de mention de la toile dans la correspondance, ce sera une malveillance supplémentaire visant à jeter le discrédit sur sa compétence. Nos mises en cause ne doivent non plus rien à la provenance de la toile, j'en ignore alors tout et suppose qu'elle a pu sortir de l'atelier du docteur Gachet. Aucune autre des toiles signalées mentionnées dans la liste n'est référencée dans les catalogues comme ayant appartenu aux frères Schuffenecker.

Ce n'est qu'après avoir transmis mes doutes que je recherche au musée Van Gogh des informations dans les dossiers du *Jardin à Etten* et du (second) *Jardin de Daubigny*, qui ont, à mon sens, inspiré certaines parties du *Jardin à Auvers*. J'en avertirai Hulsker le 12 novembre 1995. Je ne suis donc pas venu à contester le *Jardin* en raison de je ne sais quelle confusion de références de catalogues. Ayant compris qu'il fallait que la même personne ait détenu le *Jardin de Daubigny* de Vincent pour réaliser « le second » et disposer de ce second et du *Jardin à Etten*, pour en tirer le *Jardin à Auvers*, il m'avait simplement fallu rechercher si Schuffenecker, qui avait détenu un *Jardin de Daubigny* – les deux en fait– n'avait pas également détenu le *Jardin à Etten*. Une troisième toile, peinte d'imagination par Vincent et détenue par Amédée Schuffenecker a également pu contribuer à inspirer l'auteur du *Jardin*. Ces vérifications faites, la boucle se bouclait, la piste menait à Schuffenecker, aux Schuffenecker.

Antonio

J'ignorais alors jusqu'à l'existence d'Antonio de Robertis qui travaillait lui aussi sur ces questions et avait obtenu l'attention de plusieurs journaux italiens. J'appris un mois plus tard sa remise en cause d'œuvres attribuées à Vincent en lisant la copie d'un fax qu'il avait adressé au musée Van Gogh le 24/10/1995 versée bien plus tard au dossier du *Jardin de Daubigny*. Le *Jardin à Auvers* n'y est pas évoqué, mais je pressens alors qu'il va mettre en cause le *Jardin* et en avertis, pardon de me citer, Hulsker en décembre :

« Depuis que je sais que De Robertis est parti à la chasse aux Schuffenecker, je sais qu'il va tomber bientôt sur F 814 [numéro du *Jardin à Auvers*]. S'il tente de le dynamiter – et il y a dans un proche avenir deux opportunités pour le faire, une exposition à Paris bientôt et un jugement à venir par la Cour de cassation, pour savoir s'ils indemnisent ou non l'ancien propriétaire pour avoir classé 814 aux Monuments historiques – il n'y a que deux possibilités, il fait un « flop », ou bien, c'est la guerre et ça part dans tous les sens. Le musée Van Gogh a formellement authentifié ce tableau il y a deux ans et ils risquent de ne pas montrer beaucoup de tendresse pour un homme (devenu) célèbre pour avoir gagné un jeu télévisé italien organisé sur Vincent (!) Un homme qui, pour le moins, n'est pas le produit des « filières classiques ». Je ne veux pas absolument sortir quelque chose avant De Robertis, mais, si les choses se présentent mal, il sera très difficile de raccrocher à son histoire. Je n'ai donc que le loisir de préparer à sortir à la première alerte un ouvrage documenté pour épauler les découvertes de De Robertis ».

Je n'apprendrai que plusieurs mois plus tard, par Jean-Marie Tasset, que De Robertis avait, avant moi, abouti aux mêmes conclusions sur le secours conjugué du *Jardin à Etten* et du *Jardin de Daubigny* pour la réalisation du *Jardin à Auvers*. Il existe donc bien – en marge des présomptions engendrées par les trois retours sur vente qu'aucun des critiques du *Jardin* ne connaît alors – divers foyers distincts et indépendants les uns des autres de contestation de la toile : Curt Glaser et Hans Purrmann ont ouvert le bal dans les années 1910 ; De Robertis a alerté au moment où les épisodes judiciaires attirent l'attention sur le *Jardin* ; enfin mes recherches sur la cohérence du travail de Vincent me conduisent à suspecter la toile avant qu'un examen attentif lors de l'exposition de la toile à *Passions Privées* à Paris ne me conforte définitivement dans mon opinion.

Pour la petite histoire, j'étais en train de prendre des notes en face de la toile quand deux visiteuses ont descendu l'escalier dans mon dos. Arrivées devant le *Jardin,* l'une d'elles a dit, après avoir lu le cartouche, quelque chose comme : « C'est de Van Gogh, ça ? Ah non, franchement, on ne dirait pas ». Et son amie d'abonder. Si la plupart s'extasie après avoir lu « Van Gogh », les commentaires des visiteurs ne sont pas unanimes sur le degré de réussite.

La calomnie voudra par la suite voir un complot ourdi par Jean-Marie Tasset, cela est sans fondement. Bien avant que nous échangions des informations dont nous disposions – après qu'il m'ait joint au téléphone pour la première fois onze jours avant la mise en vente du *Jardin* par Me Tajan – nous ignorons tout du travail de l'autre. Il a mené une enquête et interrogé les parties avant de consigner ses conclusions. J'ai de mon côté, noté les éléments à l'origine de mes doutes. S'il y a, comme c'est bien normal, à un moment donné confluences, les sources sont au départ indépendantes et les démarches ne sont pas les mêmes. Sa surveillance d'un marché de l'art dont il connaît de longue main les arcanes l'a conduit à s'intéresser au sujet, mon intérêt pour l'œuvre de Vincent m'y a mené.

Au moment où la polémique est devenue publique, le chemin parcouru par les thuriféraires du *Jardin* et leurs assesseurs est déjà si long que seul peut être envisagé l'appel au réflexe de corps pour espérer tout verrouiller. Les enjeux dépassent au demeurant l'affaire du seul *Jardin.* Le mal s'étend.

La vente des *Tournesols,* devenus la toile la plus chère du monde lors de leur adjudication par *Christie's* en 1987 a de fait réinscrit à l'ordre du jour le nettoyage, jamais opportun et toujours différé, du corpus de l'œuvre de Vincent. Non parce que les *Tournesols* sont faux – presque personne ne l'a saisi à l'époque – mais simplement parce que la vente et l'écho de la somme versée ont désigné Vincent comme l'archétype de l'Artiste majuscule. Atteignant au sommet, sa cote impose par contrecoup l'exigence d'attributions exactes et documentées.

La focalisation sur le *Jardin à Auvers* a, partiellement, pour origine sa prise du relais des *Tournesols*. Les deux toiles ont les mêmes défenseurs et la même circonstance a émaillé la vente des *Tournesols* et celle du *Jardin* – le glissement d'une provenance Schuffenecker à une provenance Johanna Van Gogh. Les mises en causes d'œuvres admises au corpus se succèdent et deux « camps » vont se structurer.

Les conseillers remerciés par Christie's dans le catalogue édité pour la vente des *Tournesols*, MM, Feilchenfeldt, Dorn, Pickvance ainsi que les deux conservateurs du musée Van Gogh, MM. Van Tilborgh et Van Heugten, sont les spécialistes qui ont pris le parti du *Jardin à Auvers*. Mme Cachin a joint son nom lors d'autres disputes autour d'attributions d'œuvres à Vincent. En 1989, elle avait demandé, et obtenu, le soutien du musée Van Gogh et de Pickvance pour venir soutenir une erreur d'attribution de Madame Bogomila Welsh, commissaire de l'exposition « Van Gogh à Paris ». En 1992, pour épauler Pickvance et le musée Van Gogh alors en difficulté, elle a renvoyé l'ascenseur en publiant dans *Le Monde* : « Les experts hollandais et anglais cités dans votre article ont toute ma confiance, et je suis personnellement choquée par les doutes qu'on essaie d'insinuer sur leur compte et leur honnêteté intellectuelle ».

Pour défendre le pré carré, la navette d'ascenseurs n'a plus cessé. Mme Welsh vient au secours du musée Van Gogh en publiant, grâce à son entremise et forte de sa bénédiction, une étude, tout à fait invalide certes, mais une étude tout de même, sur la copie des *Tournesols* quand le musée Van Gogh est mis en cause et isolé pour son soutien à cette copie. Le musée d'Orsay montre un *remake* – enrichi de deux tableaux douteux – de l'exposition « Millet-Van Gogh », qui a eu pour commissaire Louis van Tilborgh. Henri Loyrette, successeur de Mme Cachin à la direction du musée d'Orsay, confie au *Monde* ne rien avoir « contre les autodidactes qui se sont emparés de Van Gogh », mais juge « l'avalanche d'articles et de révélations un peu hystérique. C'est comme les pyramides, un lieu de déraison où l'historien d'art est un peu démuni ». Reconnaissant que le travail d'historien d'art n'est « pas fait », il assure n'avoir cependant aucun doute, « en l'état actuel des connaissances », sur l'authenticité de la très rébarbative copie du *Portrait du docteur Gachet* que son musée héberge et se déclare en revanche « sensible aux arguments » de Roland Dorn et Walter Feilchenfeldt qui « sont de vrais historiens d'art » et qui, accessoirement, l'accusent alors de montrer une (parfaitement authentique) *Vue de l'asile Saint-Paul à Saint-Rémy*, qu'ils flétrissent comme « une caricature, un pastiche de différents motifs » – tableau que Loyrette appelle « L'hôpital Saint-Pierre ».

Après que le musée d'Orsay aura été accusé de maintenir en cimaises quelques faux tableaux jadis offerts au Louvre par le fils du docteur, le musée Van Gogh – lui aussi victime collatérale d'un toxique don Gachet[4]

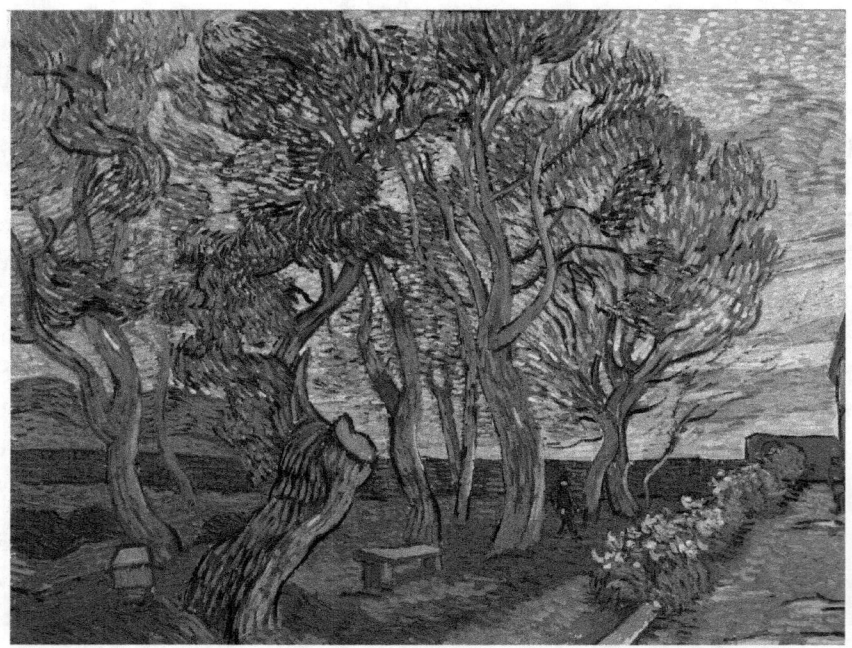

– collaborera étroitement à la riposte et décidera de montrer en 1999, dans le pavillon flambant neuf offert par le propriétaire de la copie des *Tournesols*, l'exposition sur « Le docteur Gachet ami de Cézanne et de Van Gogh ». Quand la perspective d'une exposition d'œuvres de Paul Signac, grand-père de Mme Cachin, sera programmée par les musées français, la rédaction du catalogue sera confiée à Anne Distel qui avait défendu bec et ongles la mémoire du docteur Gachet et le musée Van Gogh sera sur les rangs pour l'exposer.

La chronique de quatre années se résume : l'esprit de corps noyant tout dans la solidarité muséale, une amicale des gardiens de temple impose à ses membres et à ses satellites le cordon sanitaire susceptible de retarder l'inéluctable mise à l'écart des produits Gachet et d'Emile Schuffenecker échoués dans les collections publiques. L'objectif premier est d'obtenir

4. Voir *L'affaire Gachet, l'audace des bandits*, Layeur, Paris 1999 et http://vincentsite. com/tableau/f0659/

le silence d'une partie de la presse qui, depuis le retentissant fiasco de la tentative de vente du *Jardin*, s'est montrée trop tolérante vis-à-vis des odieux « sceptiques ».

Certes, les non-alignés ne peuvent publier que des arguments recoupés et d'une rigueur impeccable, quand le personnel en place peut opposer du flou, mais, cahin-caha, les idées font leur chemin malgré la calomnie atteignant parfois au grotesque. Que penser d'un : « Madame Distel m'a dit que vous êtes un anarchiste très très dangereux qui veut tout flanquer par terre » ?

Nonobstant, chaque fois que l'actualité braque ses feux sur les faux Van Gogh, quelques lignes supplémentaires viennent mettre le doigt où le bât blesse. Les réprimandes pleuvent, mais il se trouve toujours quelque mauvais esprit pour rappeler d'un mot que le cas du *Jardin à Auvers*, invendu malgré les assurances, reste en suspens. De temps à autre, une nouvelle pièce ou un retour de boomerang ajoutent au feuilleton, ainsi lorsque la maison de vente Sotheby's propose aux enchères les *Chaumes de Jorgus*, épouvantable bricolage issu de l'atelier Gachet fabriqué à partir d'une carte postale « d'époque ».[5]

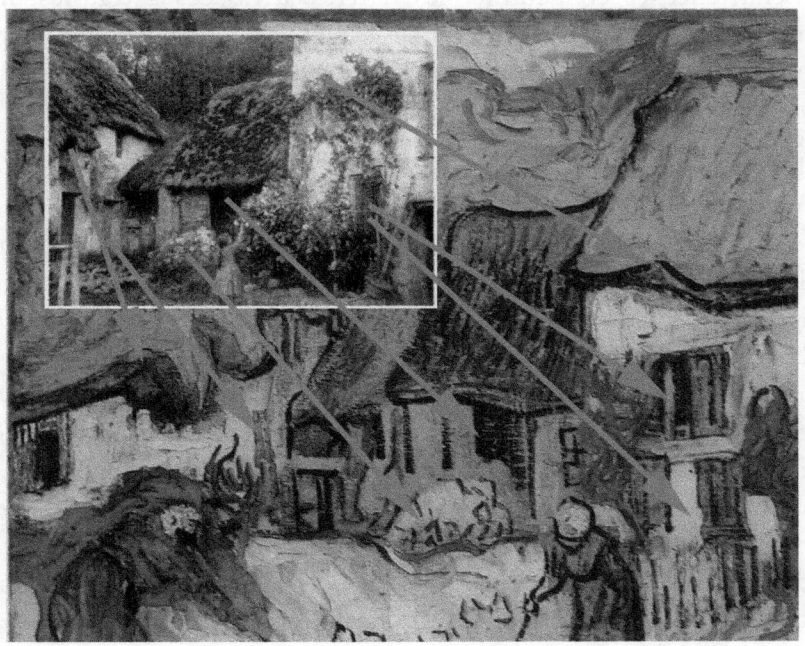

5. *Quand Van Gogh fait tache", Le Figaro, 16 octobre 1998* et http://vincentsite.com/tableau/f0758/

Martin

Le 10 octobre 1996, la cour d'Appel de Paris confirme l'ordonnance de non-lieu rendue après la plainte contre X pour corruption déposée Jean-Jacques Walter.

En mars 1997, après que la société Ambin – qui devait acheter le *Jardin* à Jacques Walter en novembre 1989 – a produit un « commandement à payer » de 4,7 millions de francs suisses, pour « contrat de vente non exécuté », la chambre d'accusation de Rennes ouvre une information. Elle confie le dossier... au juge Renaud Van Ruymbeke. L'affaire sera finalement classée sans suites.

A l'été 97, plusieurs recherches pour tenter de cerner la personnalité de Schuffenecker et identifier les œuvres attribuées à d'autres, mais pouvant être de sa main sont rendues publiques. La contribution la plus importante est celle de Mme Grossvogel qui publie divers articles dans le *Journal des Arts*, *The Art Newspaper* ou *Quadri e sculture*.

M. Hanspeter Born, journaliste d'investigation et chef de service à la *Weltwoche* de Zurich, s'intéresse alors aux différents « Van Gogh » mis en cause. Sa consultation des spécialistes le conduit chez Mme Annet Tellegen-Hoogendoorn à La Haye. A la fin des années soixante, elle dirigeait les archives du XIXè siècle au RKD, le centre d'histoire de l'art de la Haye, qui devait produire l'édition révisée du catalogue de la Faille. Annet Tellegen a longuement travaillé aux notices des œuvres avant d'être en opposition, sur nombre d'attributions, avec l'opinion unique que le comité imposait finalement sur chacune de celles qu'il retenait. M. Born lui demande son avis sur l'authenticité *Jardin à Auvers*. Elle est âgée, en mauvaise santé, dit qu'elle n'a jamais particulièrement travaillé sur cette toile et demande quelques jours de délai pour l'étudier. M. Born lui confie la copie de ma critique stylistique du *Jardin* publiée par *Le Monde* le 26 décembre 1996 et il prend congé.

Vincent et son jardin *par Ben Landais*

RAVALÉ ! Le verdict est tombé. Présenté en vente publique dans un hôtel parisien, le 10 décembre, le *Jardin à Auvers* de Van Gogh n'a pas trouvé d'acquéreur. La toile fut, dit-on, « *victime de la rumeur* ». Elle fut surtout victime de ses handicaps. La querelle sur son origine et sa provenance ont déchaîné d'âpres polémiques : l'absence de mention dans la correspondance du peintre ou dans les inventaires de la famille, son apparition tardive, les confusions avec d'autres *Jardin à Auvers* de fait, enfin, que le catalogue raisonné de Jacob-Bart de la Faille, en 1970, indique pour premier propriétaire Amédée Schuffenecker, marchand qui vendit des faux, tout cela a fait des ravages. Cela compte, mais ces incertitudes ont oblitéré la véritable question : oui ou non, cette toile représente-t-elle le style de Van Gogh ?

Malgré la difficulté qu'ils éprouvent à intégrer le *Jardin à Auvers* à l'œuvre de Vincent, la direction des Musées de France, le Musée Van Gogh d'Amsterdam et plusieurs spécialistes estiment la conviction que ce tableau – qu'ils considèrent comme « *particulièrement original* », « *unique* » voire « *atypique* » – est authentique. D'autres estiment que cette atypie cache une falsification qui a abusé les experts. L'objectif de Vincent est constant : « *Je voudrais peindre de façon qu'à la rigueur tout le monde qui a des yeux puisse y voir clair.* » Son souci de simplicité, jamais démenti, réduit les hypothèses. Il est possible de présenter dix raisons stylistiques qui conduisent à des doutes sérieux.

1. – Face au *Jardin à Auvers*, le peintre de chevalet dira qu'il n'est pas « *senti* », pas « *vu* », pas « *pris sur nature* », mais « *construit* ». Vincent ne peignait pas de mé-

moire, il était allé jusqu'à se brouiller avec son ami Emile Bernard sur cette question : « *Lorsque Gauguin était à Arles (en 1888), comme tu le sais, un ou deux fois, je me suis laissé aller à une abstraction (...)alors, l'abstraction me paraissait une voie charmante. Mais c'est chemin enchanté, ça, mon bon ! et vite on se retrouve devant un mur.* » Vincent écrit cela moins de six mois avant d'arriver à Auvers.

2. – Le tableau figure un décor irréaliste à l'architecture cavalière. Pour s'en convaincre, il suffit de chercher à coter ce jardin. La butte et l'allée qu'elle cache rendent cet exercice impossible. Pareille peinture décorative est étrangère aux préoccupations de Vincent qui, craignant de s'éloigner du « *vrai* ».

3. – On ne retrouve pas la palette de Vincent dans *Jardin à Auvers*. Le peintre cherchait la puissance évocatrice des couleurs en les utilisant aussi pures que possible afin d'en conserver l'éclat. Ici, nombre de couleurs sont laiteuses ou boueuses, et le fond de la muraille est kaki.

4. – La « *main* » est beaucoup trop mécanique. Deux arbustes qui se découpent sur le mur de verdure sont supposés plantés dans des parterres, sur des buttes. Ils sont entourés de halos circulaires de bâtonnets censés figurer la verdure à

l'arrière-plan. Chez Vincent la nature ne fait pas « *la fête* » à la nature, il la connaissait trop bien pour lui faire jouer « *un rôle* ». Ce qu'il peignait avait un sens.

5. – En matière d'équilibre coloriste, Vincent s'astreignait à des règles issues de la « *théorie des complémentaires* ». Cet équilibre n'est pas ici respecté.

6. – Un baquet a été ajouté sur le sol déjà peint pour « *faire joli* ». Vincent n'ajoutait pas de pièces à un puzzle, il voyait son motif, le déformait, le simplifiait, mais il n'enjolivait pas : « *J'exagère, je change parfois au motif ; mais enfin je n'invente pas le tout du tableau, je le trouve au contraire tout fait, mais à démêler dans la nature.* »

7. – Dans le baquet, la tige de l'arbuste de droite est interrompue par une fleur rouge, au second plan. Il s'agirait d'une entorse à l'ordre dans lequel le peintre traitait ses plans, mais également une faute sans équivalent nuisant à la profondeur du tableau.

8. – Aussi rude qu'il soit, Vincent, peintre de fleurs et d'arbres, permet toujours d'identifier ce qu'il représente. On n'identifie ici aucun arbre, aucune fleur, sauf peut-être des roses. Mais ces roses ne sont qu'une déclinaison d'un autre tableau de Van Gogh, le *Jardin de Daubigny*, que possédait Claude-Emile Schuffenecker, frère d'Amédée et peintre célèbre par ses « *copies* » diverses.

9. – Le festival pointilliste, au premier plan, marquerait un saut en arrière de deux ans dans le style

du peintre. Vincent peut faire des points à Auvers, ils font partie de son vocabulaire. Il le dit à propos d'un portrait : « *Le mur dans le fond vert avec un point orangé, le tapis rouge avec un point vert* ». Mais le pointillisme, ici omniprésent, a depuis longtemps cessé d'être une de ses préoccupations.

10. – Les lignes sinueuses ont été analysées comme un « *emprunt à l'Art nouveau* » de fait. Mais comment Vincent aurait-il pu emprunter à un mouvement qu'il n'a pas connu ? Ces lignes « *sinueuses* » ou « *serpentines* » sont à l'opposé du style de Vincent qui brisait les contours pour les renforcer. Elles sont en revanche exemplaires du style de Claude-Emile Schuffenecker.

Jardin à Auvers entretient avec l'œuvre de Vincent des liens, imitations de la touche, reprise d'un sujet du peintre, incompréhensions, fautes, qui l'apparentent à un pastiche. On retrouve par exemple le « *bâtonnet* » de Vincent à Auvers mais il organisait, lui, cette touche pour construire le relief. Dispersé, le bâtonnet « *casse* » ici les volumes. La division du point, obtention d'une teinte par juxtaposition de couleurs pures, est à l'origine du bâtonnet de Vincent. S'il se confirmait seulement que la peinture eut le temps de sécher entre les passages de couleur, autrement dit, si la teinte ne fut pas obtenue en une fois, il serait, pour cette seule raison, sûr de croire que Vincent ait pu être l'auteur de ce tableau. Enfin, *Jardin à Auvers* rappelle deux peintures de Vincent, le *Jardin de Daubigny* et *Souvenir du Jardin à Etten*, deux toiles qui ont appartenu aux frères Schuffenecker.

Vincent Van Gogh n'a sans doute pas peint le « Jardin à Auvers ». En témoignent au moins dix indications de style

du « *possible* », offrait toujours le loisir de se promener dans ses paysages. Cette promenade n'est pas offerte dans cette peinture plate, le spectateur est contenu dans l'allée qui ne mène nulle part.

Ben Landais est écrivain, chercheur indépendant, amateur de l'œuvre de Vincent Van Gogh.

Quelques jours plus tard, elle lui explique pourquoi elle a cessé de regarder cette toile comme étant de la main de Vincent. Elle lui dit souscrire aux arguments sur le style que j'ai développés et lui signale en avoir découvert d'autres.

Hanspeter Born publiera une série de trois articles dans la *Weltwoche*, dont un intitulé : « *Le* Jardin à Auvers *est probablement un vrai Schuffenecker* », mais, quand il voudra poursuivre, son patron lui signifiera que c'est suffisant. Il écrira au propriétaire du journal pour faire valoir ses vues et sera remercié. Après avoir quitté la *Weltwoche*, il poursuit ses recherches et écrit divers articles sur le sujet. *Le Figaro* du 8 décembre 1998 publiera une de ses études signalant qu'après avoir acheté le *Jardin* chez Bernheim-Jeune en 1910 sur les conseils de son cousin le futur marchand Hugo Perls, Curt Glaser a exclu qu'il puisse s'agir d'une œuvre authentique.

Le *Jardin à Auvers* est alors relégué au second plan. Les polémiques affectent des faux plus importants ou des œuvres authentiques injustement taxées de forfaiture.

Roland Dorn et Walter Feilchenfeldt avaient été particulièrement actifs auparavant. Feilchenfeldt avait, en 1990 lors d'une tournée aux Etats-Unis, dénoncé des autoportraits dont il ne trouvait pas la trace dans les archives, mais qui – sauf pour l'un dénoncé depuis des années – étaient tous authentiques. Il avait récidivé trois ans plus tard en signant avec Dorn un long article, *Genuine or Fake,*[6] qui passait tout à fait à côté de la collection truffée de faux du docteur Gachet et ne donnait que des éléments flous sur le « *Schuffenecker circle* », article qui avait eu l'infortune de donner à De Robertis l'envie d'aller fouiner de ce côté.

La situation devint confuse quand le *Journal des Arts* publia une compilation du journaliste anglais Martin Bailey intitulée « 100 Van Gogh sont faux ». Quatre « faux », dénoncés par Dorn et Feilchenfeldt ont chacun droit à une page. Les quatre sont sans conteste authentiques et l'article de Bailey apporte l'argument qui va porter un coup sévère aux velléités de débat. Sa dénonciation pêle-mêle de tout et n'importe quoi, pour faire masse, va permettre que soit rappelé que les experts « ne sont d'accord sur rien » ou qu'il s'agit d'un « faux débat ».

Abrité derrière ce solide paravent, chacun – jusqu'à ceux qui avaient affirmé que seule la provenance des toiles importait – peut vertueusement s'offusquer que l'empoignade ne tourne pas autour de l'art de Vincent… et bâillonner ceux qui prétendent cerner les exceptions manifestes à sont art.

Les gentilles impertinences médiatiques terrifient cependant les musées. Les pelouses des abords piétinées, nombre de conservateurs voient des châteaux de sable menacer ruine et le marché redoute qu'au bout du compte, le désordre ne sape l'indispensable confiance.

L'unanimité en passe d'être acquise contre les faux *Tournesols* plonge le musée Van Gogh dans un psychodrame. Admettre à chaud que ses experts se sont trompés serait d'autant plus délicat qu'un juge a autorisé la construction de la nouvelle aile du musée financée par les quelque vingt millions de dollars de leur munificent propriétaire.

---

6. *in* Tsukasa Kôdera, *The mythology of Vincent van Gogh*, 1993

John Leighton, le nouveau directeur, jusqu'alors accablé par l'équipe en place découverte à son arrivée, s'agrippe à « la thèse de Mme Welsh ». L'historienne canadienne affirme détenir la preuve que les *Tournesols* – qu'elle ne connaît pas – sont authentiques. Le musée rêve de retour de Sainte-Hélène, prépare la reconquête, fait publier, annonce un Symposium dans la nouvelle aile de la National Gallery. Le ciel s'éclaircit.

Il s'assombrit quand j'exhibe trois lettres négligées de Vincent, Theo et Gauguin qui fauchent ras les conclusions que madame Welsh avait bâties sur des lettres présumées perdues et toute une série d'erreurs factuelles.

Il se plombe lorsque le *Jardin à Auvers* s'invite sans façon en vedette.

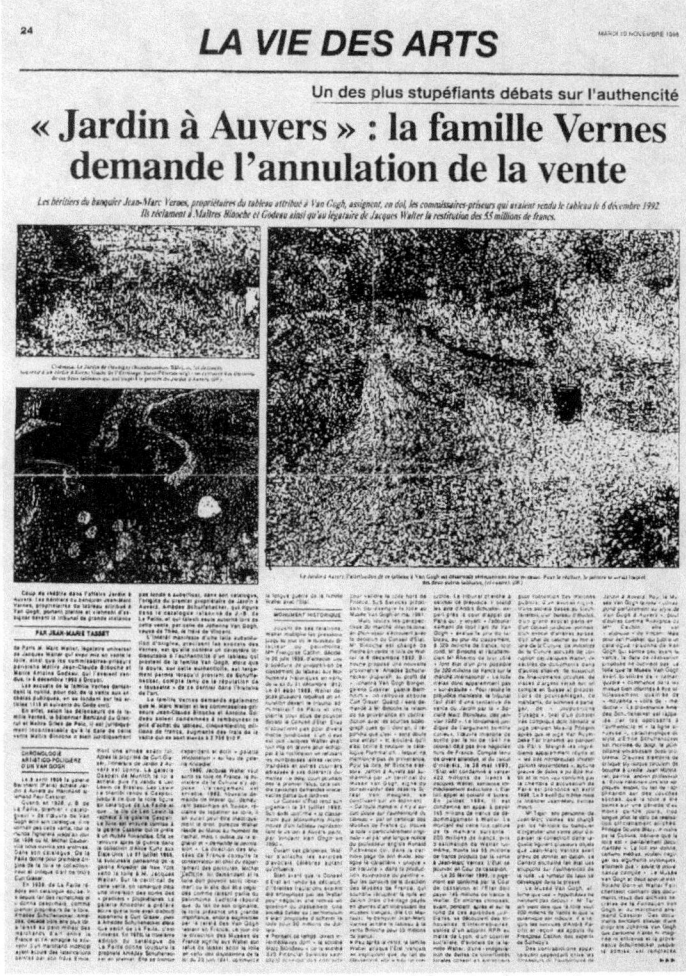

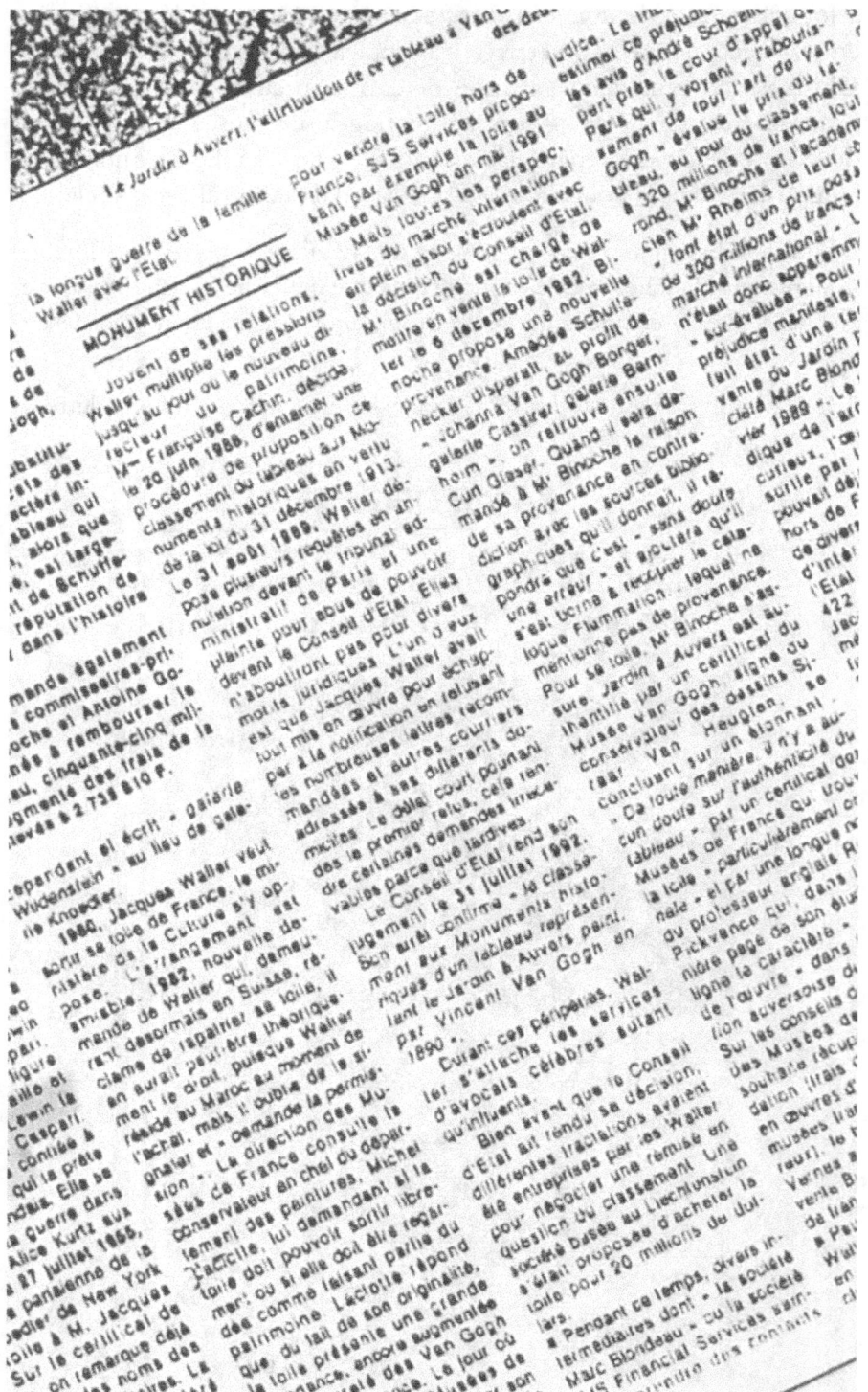

4

Les grandes manœuvres

Je suis satisfait quant à moi d'être,
pour le meilleur ou pour le pire,
un petit jardinier,
qui a du cœur pour son jardin.

Vincent, 28 octobre 1885

VIE DES ARTS

vingt dernières années

un tableau

s situent l'exécution de la toile entre le 17 juillet et le 23 juillet 1890,

e, Vincent était déjà mort.

Un Van Gogh en questions

Cette toile est la compilation du « Jardin de Daubigny » et « Souve
d'un jardin à Etten », le peintre Schuffenecker en serait l'aute

PAR JEAN MONNERET

Vincent

Le 15 novembre 1998, *Le Figaro* annonce un dépôt de plainte par la famille Vernes espérant entendre condamner *in solidum* les commissaires-priseurs Binoche et Godeau et Marc Walter, le légataire universel de Jacques Walter, à leur rembourser le prix de la vente de 1992, augmenté des intérêts. La famille Vernes a vainement épuisé une à une les éventualités de cession du *Jardin* et l'action judiciaire lui est apparue comme le seul recours permettant de ne pas tout perdre.

Toujours très irrité dès que l'indiscutable chef-d'œuvre est égratigné, *Libération* ouvre sa page *Débats* à... son spécialiste des ventes aux enchères qui a déterré sa hache de guerre et part en croisade sous le titre : « Faux experts pour un Van Gogh ».

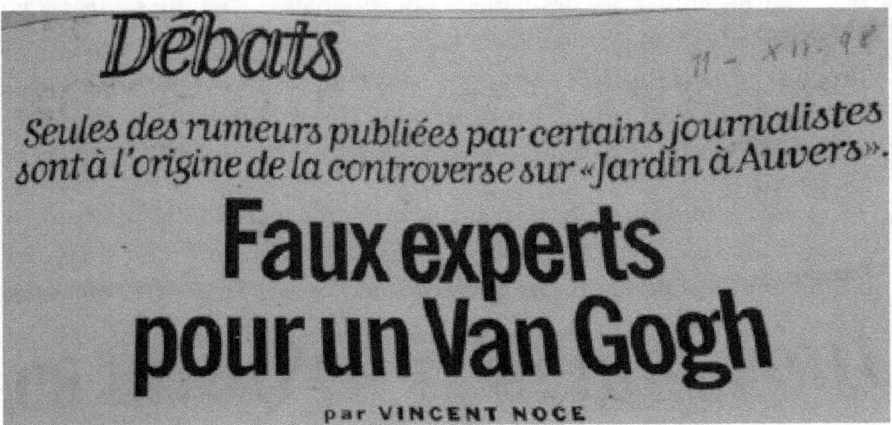

Vincent Noce s'en prend à des nuisibles qu'il a inventés – les « rumeurs publiées ». Il va les abattre en chemin, laissant entendre au passage que, lui, a appris son métier à l'école et, bien formé, il sait de quoi qu'il cause : « Dans le temps, on rappelait la prudence aux élèves journalistes avec ce principe : « une rumeur publiée n'est plus une rumeur, elle devient une info ». Le chroniqueur déplore que ces... ces informations, donc, aient été publiées « par les journaux les plus sérieux », seule origine de la controverse sur le *Jardin à Auvers*. Vilipendé comme l'anarchie, internet, qui accueillait sa tribune, était également tenu pour un peu responsable, mais moins, probablement parce qu'aucun des sceptiques n'y avait publié fut-ce une ligne sur ce *Jardin*.

Noce rappelait à l'ordre la profession, coupable de ne s'être pas contentée de ce qu'il nommait les « avis autorisés » et réglait brutalement leur compte aux opposants. Des « iconoclastes » contestant « certaines peintures ». « Des amateurs passionnés. Isolés et rebelles, souvent confus, parfois violents, plongés dans leurs recherches jusqu'à la monomanie [plus bas, il y aura un diagnostic de paranoïa] ils s'opposent aux dogmes des autorités de l'histoire de l'art ».

Tant d'irrévérence chiffonne le journaliste choqué que les prises de position publiques contre le *Jardin* aient été si nombreuses et que l'assignation des consorts Vernes les recense sur plus de dix pages.

Quelle est, selon ce détenteur de vérité, la faute des mécréants dénonçant les tableaux atypiques, parfois exécrables ? « Ils ont du mal à accepter qu'un artiste comme Van Gogh puisse passer avec autant de liberté d'un style à l'autre ou peindre des tableaux plus faibles ». Rien ne serait arrivé si la presse avait suivi l'exemple de *Libération* en étranglant l'information, en réduisant les détracteurs au silence, en mêlant la calomnie à l'insulte, en refusant les droits de réponse les plus élémentaires qui auraient pu relativiser la portée des oracles du vaticinateur de la maison.

La presse aurait dû s'imposer un tacet, car... car, « le journaliste ne peut se confondre avec l'historien de l'art ». Certes, contraint de parler quotidiennement de ce qu'il ne maîtrise que par rare exception, tributaire de ses sources d'information, instrumentalisé en permanence, l'échotier de la bonne parole, l'homme pressé du poncif accrocheur ne saurait se confondre avec personne.

Expliquant que ce n'est pas, dieu merci, aux journalistes de faire des expertises, Noce oubliait qu'il s'était assez gauchement essayé au genre. Deux ans plus tôt, il avait contribué malgré lui, à fond de colonne, mais à la petite mesure de ses moyens de responsable de rubrique gastronomique s'appliquant à faire « retomber le soufflé des faux van Gogh », à l'insuccès de la vente Tajan que son zèle prétendait mener à bien. Ainsi que c'est fréquemment le cas des prophètes sans repères, il devait rester persuadé par son illumination : « cette œuvre qui est en réalité la plus remarquable que Van Gogh ait peint les jours précédant son suicide à Auvers ». L'hyperbole est façon de se rassurer, façon de se dire qu'on ne s'est pas fourvoyé en prenant, en retard et à contre-sens, le mauvais train en marche. Personne n'avait, au départ de l'affaire, songé à lui adresser la parole sur le sujet, au point qu'égaré il avait dû quémander quelques bribes d'information auprès de Jean-Marie Tasset bientôt honni.

Manifestement à l'étroit dans sa rubrique et dans les débats de *Libération*, Noce estimera en 2003 nécessaire de dénoncer le complot dans un chapitre de sa *Descente aux enchères*. Dans sa croisade anti-presse, le hussard des Arts et des Lettres s'en est pris au dossier que Véronique Prat avait consacré à l'affaire dans le *Figaro Magazine*, le qualifiant aimablement de « monument de sottise et d'ignorance ». Véronique Prat fut déboutée de sa plainte en diffamation l'année suivante au motif que pareille observation relève de la liberté d'opinion et n'attente en rien à l'honneur de la journaliste.

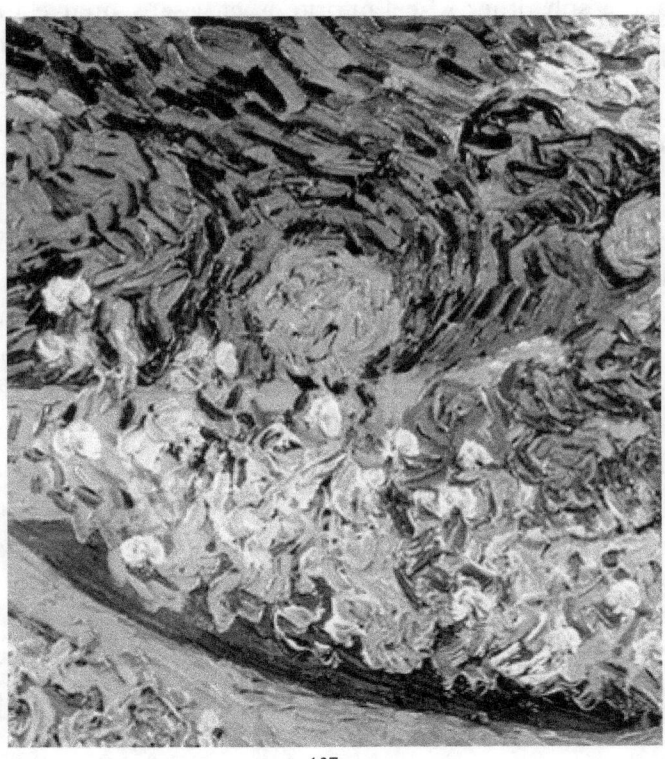

Jean-Claude

Ne goûtant pas davantage le résumé de l'historique présenté par Jean-Marie Tasset dans *Le Figaro*, sous le titre « Coup de théâtre », Me Binoche fait publier par la *Gazette de l'Hôtel Drouot*, une fulminante riposte intitulée « *Le Jardin à Auvers*, nouveau coup de théâtre », couverte du chapeau *Binoche dit tout*. Il l'adresse ensuite au *Figaro* qui consentira à la publier au titre du droit de réponse.

« Jardin à Auvers » : Mᵉ Binoche répond

« Un vrai chef-d'œuvre de Van Gogh »

L'officier ministériel était contrarié que M. Tasset ait écrit qu'il n'était pas « fondé à substituer », « d'autorité », et « sans preuve formelle », « dans son catalogue, l'origine du premier propriétaire de *Jardin à Auvers*, Amédée Schuffenecker, qui figure dans le catalogue raisonné de J.-B. de La Faille, et qui faisait seul autorité lors de cette vente, par celle de Johanna Van Gogh, veuve de Theo, le frère de Vincent ».

Il était courroucé que le journaliste ait souligné la « provenance en contradiction avec les sources bibliographiques » ; qu'il ait déduit que Me Binoche l'avait « devinée » et qu'il ait écrit que cette provenance « pourrait avoir été recopiée de celle d'une autre toile ». Le début de l'historique proposé : Johanna Van Gogh, Cassirer Bernheim-Jeune correspond en effet aux trois premières lignes de la notice de vente donnée par Walter Feilchenfeldt à une autre toile. Cette autre toile, d'un sujet sans rapport, *Les Vieux saules,* partageait avec le *Jardin à Auvers* la singularité remarquable, d'avoir appartenu… à Curt Glaser et d'être ainsi cotée dans les catalogues de la Faille. Il lui en voulait également d'avoir repris son propre interview par *Le Monde*, pourtant non démenti, au cours duquel il avait admis que sa provenance était « sans doute une erreur », affirmant s'être borné à recopier le catalogue Flammarion… « lequel ne mentionne pas de provenance ».

Pour le commissaire-priseur tout cela n'est, comme pour *Libération*, qu'allégations d'expert improvisé, de plumitif. Soulignant, comme *Libération*, que l'on ne saurait « arguer de la singularité d'un chef-d'œuvre pour le réfuter » la réponse, intitulée : *Un vrai chef-d'œuvre de Van Gogh*, aborde ces questions et s'insurge. La réponse a le mérite d'être claire, mais correspond-elle à la réalité quand il est dit que «trois mages » auraient fourni la provenance proposée dans son catalogue ? Un bon point pour cette affirmation est de ne pas avoir été démentie par les experts dont elle se prévaut. Pourtant…

Le catalogue de la vente de 1992 n'a pas fait état de la consultation de M. Feilchenfeldt et le marchand zurichois apparaissant soudain fait figure d'opportun *outsider*. D'*outsider* au demeurant peu discret, puisque sa galerie est l'héritière de la Galerie Cassirer qui l'a souvent exposé et en fut trois (ou quatre) fois vendeuse, dont une fois lorsque M. Walter Feilchenfeldt père la dirigeait.

D'*outsider* très tardivement au parfum, par surcroît, puisque, le 6 novembre 1998, soit six ans après avoir censément fourni la provenance magique, au lendemain de l'article du *Figaro*, M. Feilchenfeldt a déclaré par téléphone à M. Hanspeter Born – qui l'a aussitôt consigné et transmis par fax – « que Binoche a dû obtenir la véritable provenance par le musée Van Gogh qui a écrit une expertise », le marchand reconnaissant avoir « lui-même confondu avec une autre peinture » dans sa recension.

Le mage ignorait donc, en 1998, avoir fourni en 1992 une provenance pour la vente. Président de la Confédération Internationale des Négociants

> Feilchenfeldt 2
>
> FV says that Binoche must have known the true provenance from the van Gogh museum who wrote an expertise. FV himself says that for his book he confused the picture with one from (or for?) Emile Bernard.

en Œuvres d'Art, Walter Feilchenfeldt, semble cependant avoir voulu alors, à toute force, rendre le *Jardin* authentique et fait de son mieux pour y aider. La veille, le journal *Libération* avait publié une « preuve » transmise par lui : la toile avait figuré *sous le numéro 394*, dans l'inventaire de la collection de Theo Van Gogh ! Feilchenfeldt reconnaîtra, en privé, à mon insistance, quelques mois plus tard, s'être mépris. Averti, *Libération* ne daignera pas rectifier pas l'information trompeuse.

Walter

Le 7 février 2000, Feilchenfeldt rédigera une attestation :

« Cher maître, écrira-t-il à Me Jean-Claude Binoche, Je me rappelle fort bien de notre rencontre d'octobre 1992 au Crédit Municipal de Paris, ou vous aviez abrité la toile de Van Gogh, *Jardin à Auvers*. Quelques semaines plus tard, je n'ai pas été surpris lorsque j'ai lu votre catalogue, notamment en ce qui concerne la provenance, qui tenait compte des avis et des documents que je vous avais donnés lors de cette rencontre. Ces documents n'avaient rien de secret, je les avais déjà évoqués dans mes publications des années 80 et les spécialistes de Van Gogh comme Roland Dorn, Ronald Pickvance et le musée Van Gogh, en avaient connaissance et partageaient mon point de vue sur la provenance du tableau. Les informations de votre catalogue sont conformes à celles que ces derniers et moi-même, avions indiquées en 1992. A savoir, les différents propriétaires du tableau furent : ... »

Et de reprendre, à un ou deux détails près, la provenance fournie par Jean-Claude Binoche lors de la vente de 1992.

Malgré les apparences, ce certificat ne confirmait pas vraiment la déclaration magique de Me Binoche. « Je n'ai pas été surpris de voir...» refuse d'endosser la paternité et l'adossement à l'avis d'autres experts le confirme. M. Feilchenfeldt n'avait *pas* « évoqué dans [ses] publications des années 80» les documents qu'il dit avoir remis, car il les ignorait, mais il suffira de verser cette très curieuse attestation au dossier (pièce n° 83) et les conseils de Me Binoche sauront en faire le meilleur usage devant les tribunaux et dans la presse également mystifiés.

L'attestation est plus qu'approximative. Les *mages* du musée Van Gogh n'ont, à l'évidence, ni fourni la provenance, ni eu connaissance, ni partagé le « point de vue » dont fait état la lettre de M. Feilchenfeldt, puisque, pour Louis van Tilborgh, son conservateur des peintures, interviewé par *Le Monde* en 1996, c'est le Dr Dorn, l'associé de Feilchenfeldt, qui l'a découverte lors d'une plongée mythique dans les archives bien réelles de la maison Bernheim Jeune. Les Dauberville n'auraient pas oublié, il est des plaies d'Allemagne qui ne se ferment pas. Tout au contraire, dans un fax adressé à Jean-Marie Tasset le 20 novembre 1996, Walter Feilchenfeldt revendiquait la découverte attribuée à Roland Dorn et il disait avoir compris son erreur plus tard, lors de sa consultation des archives Bernheim.

Comme je n'ai pas connu les dimensions de ce tableau, et la Galerie Bernheim-Jeune ne m'a pas donné l'accès à ses documents, j'ai, dans le Cahier 2, identifié ce tableau avec F578.

J'ai noté mon erreur quand j'ai trouvé la photographie du F814 dans les albums de la Galerie Bernheim-Jeune que j'ai pu consulter après la publication du Cahier 2. En sachant les dimensions du tableau il n y a aucun doute qu'il s'agit du F814 qui est le tableau No.1066 du livre de stock de Paul Cassirer.

Enfin, Ronald Pickvance n'était évidemment pas averti de cette provenance en 1992, puisque son expertise écrivait alors, que le *Jardin à Auvers* semblait avoir toujours porté ce nom. L'original de Pickvance dit : « *The painting has always been given the generalised title of « Garden in Auvers »*. Le professeur ne s'était pas inquiété de l'historique du *Jardin*. Se contentant du nom fixé trente-huit ans après la mort de Vincent par les catalogues de la Faille, le professeur ignorait les intitulés variables et variés qui l'avaient auparavant désigné : *Tuin met bloembedden, Jardin, Garten (Arles), Tuin, Garten, Hausgarten, Garten in Arles, Le Jardin.*

C'est, par ailleurs, par anticipation de dix-huit ans, que Me Binoche indique dans sa réponse au *Figaro* que *Jardin* est devenu *Jardin à Auvers*, chez Bernheim Jeune. L'exposition chez Bernheim de 1908 le range parmi les toiles d'Arles et lors de son exposition chez Cassirer en 1914, le *Jardin* est toujours réputé arlésien.

Personne n'a eu l'inconvenance de remarquer que, contrairement à M. Feilchenfeldt, les autres « mages » se sont dispensés de fournir une attestation appuyant les dires de Me Binoche. Personne n'a demandé pourquoi, si le commissaire-priseur disposait des archives des galeries Cassirer et Bernheim et de celles du musée Van Gogh, s'il avait procédé aux « longues recherches » et effectué le « travail d'expertise indépendant et sans lien avec la vente de l'œuvre » que lui reconnaîtra la Cour de cassation, il n'avait pas jugé nécessaire d'évoquer divers détails pas si futiles que les documents fournissent : absence du *Jardin* dans l'inventaire de la collection de Theo en 1890 ; envoi, en 1901, à Johanna Van Gogh d'un *Jardin* caution par Leclercq et Schuffenecker ; double enregistrement dans les archives Cassirer susceptible de révéler un retour sur vente ; vente à Eugène Druet en 1909 aussitôt annulée ; mise en cause par les très avertis Curt Glaser et Hans Purrmann ; rachat par Hugo Perls ; retour de la toile chez Caspari après sa vente à Lewin ; triple [ou quadruple] vente du *Jardin* par la galerie Cassirer, 1908, 1909, [1914] et 1945 ou encore la démonstration de Hentzen établissant la fausseté de la copie du *Jardin de Daubigny,* etc.

Comme en miroir aux propos des détracteurs insistant sur le conflit stylistique accusant le *Jardin* d'avoir posé son grand oeuf bleu dans le nid d'une fauvette, la conclusion de la tribune affirme que « le meilleur défenseur de *Jardin à Auvers* est le *Jardin à Auvers* lui-même ». Son plus grand diffamateur aussi.

Jean-Claude

Le 8 février 1999, fort du soutien de Feilchenfeldt, Me Binoche assigne *Le Figaro* et Jean-Marie Tasset devant le tribunal civil pour diffamation publique et leur réclame dix millions de francs à titre de dommages et intérêts. Le choix d'une procédure au civil est étonnant, puisqu'un autre commissaire-priseur, Me Jacques Tajan, qui, ingrat, avait auparavant, pour des raisons voisines de celles qui animaient Me Binoche, assigné *Libération*, s'était déjà entendu répondre que le statut d'officier ministériel des commissaires-priseurs leur ferme l'accès à la procédure civile et qu'ils doivent engager une action pénale. L'inconvénient d'une procédure pénale est la nomination d'un juge d'instruction, animal fureteur devenu si imprévisible, quand il n'est pas tenu en laisse, que le rêve d'abattage systématique reprend à chacun des nouveaux cas de fièvre affreuse que ses investigations provoquent.

Le dépôt de la plainte par Me Binoche a pour insigne avantage de fournir une posture de victime de l'acharnement de la presse – sauf *Libération* – et d'espérer rallier les intervenants qui avaient assuré que les doutes sur le *Jardin à Auvers* – et sur quelques autres Van Gogh mis en cause – étaient pure facétie de « faux experts ». Le chemin est long, mais une perspective luit, remettre le *Jardin à Auvers* en vente.

Le 4 mars 1999, l'organisateur de l'exposition contestée « Van Gogh à la portée de tous », montrée à Saint-Malo en juillet 1996, est relaxé des chefs d'inculpation d'escroquerie et de publicité mensongère qui le menaçaient. Le parquet fait appel. S'appuyant sur des « rapports d'experts » déclarant les œuvres exposées « travaux d'amateurs sans prétention », la cour d'appel de Rennes reconnaîtra bientôt l'organisateur coupable des faits qui lui sont reprochés et le condamnera, en septembre 1999, à dix mille francs d'amende et à la confiscation des 15 tableaux, au motif qu'il a : « sous couvert d'une prétendue science, présentant de simples hypothèses comme des certitudes, abusé de la crédulité d'un public naïf attiré par la publicité ». Quelle différence ? Des faux plus faux que d'autres faux ? Quel parquet sélectif ! Le fabuliste savait : « Selon que vous serez puissant ou misérable, Les jugements de cour vous rendront blanc ou noir. »

Le 28 mai 1999, Marc Walter publie à son tour un droit de réponse dans *Le Figaro*. Mal informé, il y affirme qu'avant 1996, « l'authenticité n'a jamais fait l'objet du moindre doute dans l'esprit de quiconque » et il annonce ce que pourrait devenir la bataille juridique si la vente du *Jardin* venait à être annulée. Il fait valoir que, puisque la vente à Jean-Marc Vernes a été une conséquence du Classement d'un *Jardin* qui aurait, sinon, pu être cédé sur le marché international au double de l'indemnité décidée par les tribunaux, « s'il était juridiquement possible de nous remettre dans la situation d'avant le classement, au prétexte que celui-ci était injustifié, c'est un préjudice de ce montant qu'il faudrait nous indemniser ». Le monsieur a de bons conseils !

Le 27 février, l'hebdomadaire *Le Point* avait publié un article présentant l'affaire qui s'achevait sur les mots d'un Jean-Jacques Walter optimiste. « Cette guérilla juridique, qui risque de durer des années », a l'heur de l'amuser : « L'Etat s'est battu si fort pour ce tableau ; je ne crains plus rien. Ces polémiques absurdes me font bien rire. Et ce serait encore plus drôle si « *Jardin à Auvers* » était vraiment faux. » Comme pour apaiser davantage les craintes que Jean-Jacques Walter n'avait pas, l'Etat allait se battre plus fort que fort à la première alerte.

Le premier avril 1999, le catalogue raisonné de Claude Emile Schuffenecker, rédigé par Mme Jill-Elyse Grossvogel est publié aux Etats-Unis. Le communiqué de presse qui en avait annoncé la parution disait : « Nous croyons fermement que la répugnance à regarder Claude Emile comme l'auteur des falsifications, copies ou pastiches qui ont été vendus comme des Vincent a entravé et continue d'entraver une vision claire de la situation ». Les mots du catalogue sont plus durs encore.

Danielle

Le même premier avril, après dix-huit ans d'intérêt patrimonial jamais démenti pour le *Jardin* – et à l'approche du procès – obéissant, en sa qualité de directeur du musée d'Orsay, à une injonction soudaine formulée par Françoise Cachin, alors directrice des musées et son ancienne commère dans l'opération de classement, Henri Loyrette enjoint à son tour le Laboratoire de recherche des musées de France, de procéder à « l'investigation d'un tableau classé [à ma demande pressante] monument historique et dont l'authenticité a été contestée ».

L'ordre d'authentifier le *Jardin* et de l'ainsi lester, avant pesée judiciaire, du glaive de la Science du Laboratoire ne pouvait être plus net, mais il n'est pas certain qu'il soit légal. Une « expertise » d'un bien en mains privées semble impossible. A tout le mieux une « consultation » semble pouvoir être requise d'un conservateur, mais seule une « autorité administrative » peut l'ordonner et musée d'Orsay est au même titre que Laboratoire soumis à l'autorité de la Direction des musées. La famille Vernes peut entrevoir le mauvais coup ourdi, mais ne peut, sans devenir suspecte, se soustraire au prêt de son Monument historique. Elle se contente d'exiger qu'aucun mal ne lui soit fait : pas de vilains petits trous dedans, pas de prélèvement de pigments.

L'équipe du Laboratoire avait donné entière satisfaction dans son examen, fâcheusement aléatoire de l'ancienne collection du docteur Gachet, validant toute une série de faux : « Tous les Cézanne s'avèrent être des Cézanne et tous les Van Gogh des van Gogh », selon Jean-Pierre Mohen son patron. Elle va rééditer l'exploit et dire, comme souhaité, le faux vrai.

Dix tableaux, dont quatre faux certifiés authentiques par le Laboratoire, ont été choisis pour socle de référence parmi les « soixante-dix tableaux peints par Van Gogh à Auvers » – il aurait été plus approprié de dire : *parmi les tableaux réputés peints à Auvers.* Mme Danielle Giraudy, la conservatrice en chef chargée de l'étude et « coordinateur scientifique » est la fondatrice et l'ancienne animatrice de l'Atelier des enfants au Centre national d'art et de culture Georges Pompidou, elle sera par la suite promue directeur des musées de Marseille.

Visiblement ravie de pasticher à son tour, elle s'abandonne à de charmants petits dessins. Ses croquis, qui corrigent platitude, errements pointillistes, manques, ou confusions de plan, montrent assez clairement ce qu'elle n'a pas compris au tableau.

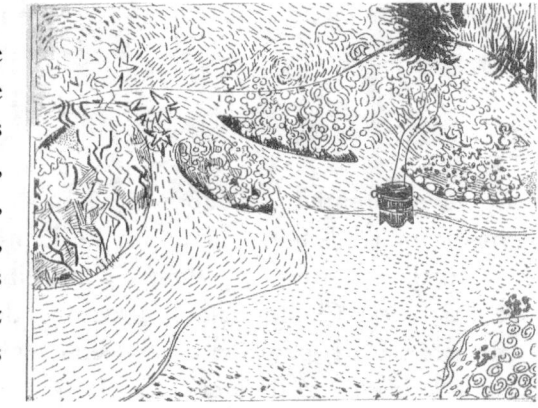

Telle Da Vinci saisissant les proportions du corps humain, elle quadrille, trace divers faisceaux de diagonales et conclut à une imparable : « construction dans un format homothétique, en volutes décoratives à partir d'un réseau géométrique diagonal ». Elle a retrouvé, assure-t-elle, les mêmes cinq pattes de la construction de son cru dans d'autres Vincent. Cette vertigineuse sottise oublie, ignore comment Vincent procédait : « *J'exagère, je change parfois au motif mais enfin je n'invente pas le tout du tableau, je le trouve au contraire tout fait — mais à démêler — dans la nature* ».

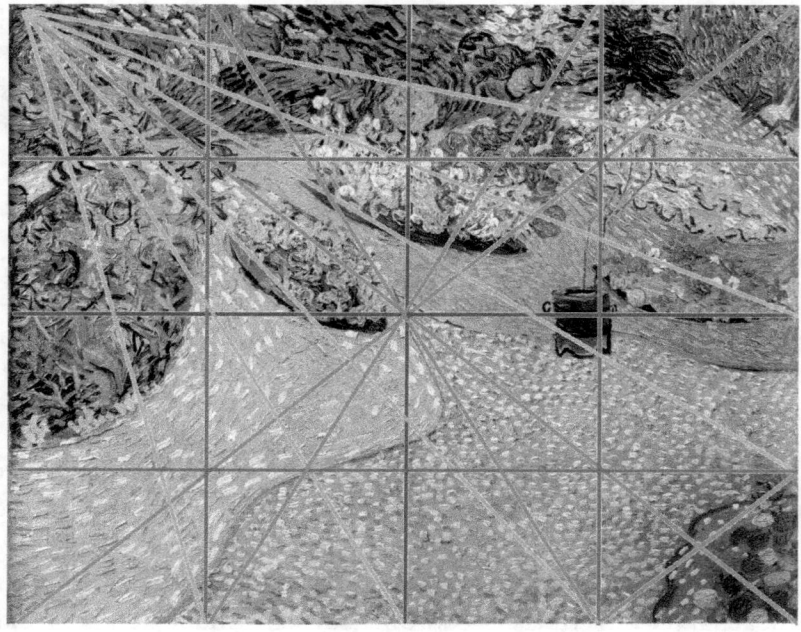

Reproduire l'expérience est saisissant, pas une ligne tracée, pas un calcul de points d'homothétie ne se superpose à la mise en place. De la magie, de l'ésotérisme cabalistique dans sa nudité, mais la chose *est* scientifique puisque qu'elle émane d'une personne occupant un poste dans une institution à vocation scientifique. J'avais, bien auparavant, montré à Mme Giraudy comment, par pliage, on pouvait parfois chercher à mettre en évidence l'usage, par Vincent, du cadre de perspective, elle a appliqué la technique, sans en avoir saisi la portée. En fait, le *Jardin* est construit autour de trois lignes sinueuses, qui partent du même point pour traverser la toile, et rester lisibles. Cela n'a rien du « jeu japonisant » qu'elle imagine, ne se trouve pas tel quel chez Vincent et garantit une construction de l'esprit, non une vue sur nature.

Raides comme la justice, deux barquettes de fleurs sur la pelouse en retrait sont alignées, sans égard pour relief qui les supporte, l'une d'elles ressemblant à une tartelette au bleu de méthylène garnie de fraises tagada défraîchies. La rigidité des deux autres parterres – dont la très pesante forme ovoïde sur la gauche – dédaigne également le relief de la pelouse. Leurs proportions et leurs axes brutalement perpendiculaires, témoignent encore du travail d'invention.

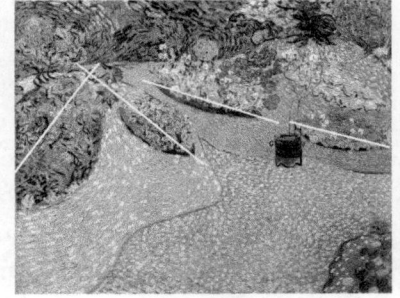

Le fait que Vincent ait peint deux « toiles de 25 », sur les soixante-dix que le trop généreux décompte lui affecte, n'infère pas qu'il « affectionne particulièrement » ce format. Au surcroît, avoir choisi la « toile de 25 » qu'est le *Portrait de Roulin*, supposé dater d'Arles et conservé au MoMA, montre le contraire de ce que l'on prétendait prouver. Ce portrait est un pastiche peint, quasi certainement, par le même Schuffenecker semblant affectionner particulièrement ce format.

Que la trame soit du 12 x 18 fils, comme celle de certains Van Gogh (parfois posthumes) précédemment authentifiés par le Laboratoire, est dépourvu de signification. De plus, pourquoi masquer que non seulement *L'Eglise d'Auvers*, est sur une toile différente, mais que c'est aussi le cas des effroyables *Vaches* du musée de Lille peintes sur chanvre que tout le monde sait fausses depuis un demi siècle, mais que l'on ne peut déclasser sans vidanger le corpus de la quinzaine de Van Gogh peints par l'atelier du bon docteur Gachet qui le parasitent ?

Décompter les semences retenant sur un châssis une toile rentoilée plus d'un demi siècle après la mort d'un peintre ne fournit non plus aucun argument, sauf à vouloir donner l'illusion d'une pratique de Vincent. Pense-t-on, que non seulement il aurait peint le *Jardin* dans les tout derniers jours de sa vie, mais qu'il se serait également amusé à clouer et déclouer ? Le fil de lin, norme de l'époque, ne saurait non plus être déguisé en argument.

Et quelle valeur aurait l'observation selon laquelle le tableau a été peint avec des « brosses », article en vente libre, si leur largeur n'est pas indiquée, si on ne dit pas dans quelles toiles Vincent en aurait utilisé de strictement semblables, avec un objectif semblable et en quoi elles se distingueraient de celles qu'Emile Schuffenecker a utilisées dans ses œuvres personnelles ou qu'il aurait utilisé pour commettre les toiles qu'il est accusé d'avoir commises.

Que « La matière picturale » soit « riche en blanc de plomb » pour l'examen radiographique, mais que l'examen chimique dise l'inverse « le blanc est uniquement du blanc de zinc, en plus de la couleur blanche toutes les autres couleurs en contiennent », et que la liste des éléments chimiques décelés par microfluorescence X donne trois fois du blanc de plomb, apparaît pour le moins contradictoire. Contradictoire et surprenant pour une question aussi contraignante et scientifiquement coordonnée.

Il est en tout cas erroné d'écrire : « Ce blanc de zinc n'est pas caractéristique des œuvres de Van Gogh peintes à Auvers » et de fonder cette conclusion sur : « Si on retrouve du blanc de zinc dans le *Jardin du docteur Gachet*, *L'Eglise d'Auvers* et la palette, c'est en revanche du blanc de plomb qui a été utilisé pour peindre *Les deux fillettes*, *Mlle Gachet au jardin* et le *Portrait du docteur Gachet* ». Le blanc de zinc est caractéristique de Vincent à Auvers. Autant qu'on sache, il ne commande, depuis Arles et par dizaines et dizaines de tubes, que ce blanc à son frère. Il se trouve seulement que la copie du *Portait du docteur Gachet* et la copie des *Deux fillettes* sont des reprises posthumes réalisées par l'atelier Gachet, tandis que *Mademoiselle Gachet au jardin* a été peinte chez son papa : « *Puis j'ai peint chez lui [...] dimanche dernier des roses blanches, de la vigne et une figure blanche là-dedans* ». Ayant eu besoin de davantage de blanc que prévu, Vincent aura ce jour-là emprunté un tube de plomb à son hôte peintre.

Quant à la palette-souvenir, offerte comme « la palette de Van Gogh » au Louvre par les faussaires Gachet, elle si ridiculement fausse qu'il aurait été prudent de n'en rien inférer.

L'affirmation selon laquelle les éléments donnés par l'examen radiographique seraient « tous caractéristiques » des tableaux de Van Gogh examinés en préparation de l'exposition Gachet, est, faute de socle de référence fiable, dépourvue de signification. L'auteure de l'étude des radiographies avait en effet remarqué à l'époque que, dans certaines répliques – fausses, certes, mais validées – *Les deux fillettes* et *le Portrait du docteur Gachet*, « la technique de Van Gogh » semblait « moins élaborée… ». La validation d'œuvres dans lesquelles la technique est moins élaborée, impose de préciser où la tolérance s'arrête. La vérité est que la comparaison du style des radiographies demeure une science impressionniste.

Que le *Jardin* ait été peint en « plusieurs séances » est un facteur d'exclusion pour une œuvre à l'exécution triviale et sans dessin. Vincent n'avait pas de temps à perdre pour un résultat qui n'est « remarquable » que dans le certificat immodéré de Sjraar van Heugten, probable amateur des délicieux nains de jardin qui font fureur aux coquets Pays-Bas.

Les quarante empreintes laissées au sommet de surcharges de pâte par une toile appliquée contre le *Jardin* n'est pas davantage un critère d'attribution. C'est oublier que le faussaire de la collection Wacker avait attentivement veillé à écraser les crêtes et que bien d'autres ont été attentifs à ce détail afin de mieux piéger les apprentis limiers.

Examinant une copie Gachet gravement litigieuse, montrant de pareils écrasements de crêtes localisés, alors qu'en bonne logique toutes auraient dû souffrir, Jacques Latour, conservateur des musées d'Arles et de Marseille moins crédule avait en 1954 dénoncé l'anomalie éminemment suspecte et éventé la contrefaçon. Avoir cette fois trouvé comme porte de sortie, l'excuse d'un séchage plus rapide à gauche qu'à droite atteste du manque de rigueur. L'*Arlésienne* du *Metropolitan Museum of Art*, indéniable copie par Schuffenecker de l'*Arlésienne* conservée au musée d'Orsay,[7] figure parmi les quatre toiles prises en référence par Mme Giraudy pour arguer de l'écrasement vincentesque.

---

7. *Quatre faux Van Gogh d'Arles parlent*, 2014

L'absence d'écrasement des crêtes de certaines couleurs grassement apposées ne soient pas écrasées témoigne simplement du long délai qui sépare mise en chantier et l'achèvement de la toile. Le délai est incompatible avec la méthode de Vincent et le rythme sans équivalent d'une peinture par jour travaillé à Auvers. Et où donc aurait séché un *Jardin* censé avoir quitté Auvers roulé aussitôt que peint ?

Le stockage de toiles par Vincent « sous son lit » est une fable. Cela n'aurait, d'ailleurs ni permis à ses toiles de sécher, ni suffi à provoquer l'enfoncement remarqué des crêtes non sèches. L'écrasement, que l'on remarque dans nombre de ses toiles, était provoqué par la forte pression qu'exerce le serrage des toiles en rouleaux pour les envois qu'il faisait à son frère. L'écrasement des crêtes du *Jardin*, « sous le lit », est en tout cas incompatible avec l'hypothèse d'une réalisation du *Jardin* « après » le *Jardin de Daubigny* d'Hiroshima.

Le bleu céruleum identifié, n'est pas connu dans les œuvres de Vincent à Auvers, qui se contentait de cobalt et de Prusse, bien qu'il connaisse la teinte, comme l'atteste une lettre écrite à ses débuts en 1882. Ce bleu était au contraire une couleur dont Schuffenecker était friand. Sa présence dans le *Jardin* aurait dû être regardée un critère d'exclusion discriminant. Il n'est pas convenable d'avoir évacué pareil obstacle à l'authenticité au prétexte que le bleu céruléen était disponible en 1890 et que, donc, Vincent aurait, sait-on, pu soudain s'en munir. A titre expérimental, sans doute !

Les touches de différentes formes et leur groupement dans des zones nettement cloisonnées « chacun des cinq espaces possède sa couleur et son écriture » doit être présenté comme une conjonction grave d'anomalies. Vincent ne travaillait pas ainsi, il variait sa touche et alternait ses couleurs, les mariait dans les différentes parties de ses toiles, les rendant ainsi homogènes, ne les contenant jamais dans un espace. De plus, il *calculait*, ainsi qu'il le disait, afin que chaque couleur en prépare une autre et que, se combinant, ses touches produisent un dessin. Le fossé est à la taille de l'imposture.

Dénombrer et classifier les types de touches sans s'inquiéter du dessin qu'elles produisent est un vain exercice comptable qui évacue le critère artistique, facteur central d'exclusion. La touche en bâtonnets du fond a donné l'illusion que le *Jardin* pouvait être de Vincent, mais son utilisation mécanique très particulière n'est pourtant ici que la signature d'un pasticheur. Le bâtonnet juxtaposé de Vincent, varié en longueur, en couleur, en taille et en direction lui sert à dessiner et à créer le relief où tout s'ancre, laissant des manques. Ici, des lignes de contour ont dessiné des volumes pleins sur lesquels de la couleur a été passée en à-plat uniforme que le bâtonnet s'efforce d'égayer quand il ne dégénère pas en fouillis peint et repeint, quand il n'est pas simplement oublié. Ces touches, constantes en couleur et en taille, s'affranchissent des préoccupations non démenties de Vincent, de son souci de profondeur (qui lui modifiait très vite la longueur du trait, l'amenuisant proportionnellement à l'éloignement), de son soin coloriste (préparation d'une couleur par une autre, faite de subtils rappels), de sa justesse de dessin (l'allongement du bâtonnet construit également les contours), de sa préoccupation de la structure (les touches s'accordent avec le sens de l'objet).

Le bâtonnet décoratif, est ici plaqué sur une tout autre démarche. Il recouvre un dessin préalable, comme l'illustrent particulièrement les bâtonnets comme « aspirés » par l'intervalle entre les deux parterres de gauche sur la pelouse rappelant vaguement la forme raide d'un mannequin de couture. Cette approche est en conflit ouvert avec le rôle que Vincent assignait à sa touche : ses *Canoës*, F 498, permettent de comparer à un mur de verdure, l'*Eglise d'Auvers* du musée d'Orsay ou la *Vue d'Auvers* d'Helsinki montrent comment il traite sol et herbe, le *Portrait du docteur Gachet* (F 753) montre la gestion des volumes ou la variété de couleur des plans. Décorant un *Jardin* imaginaire, l'exercice de tirets censés rythmer *à la Van Gogh* se révèle une crue singerie.

De même, la découverte de rouge ici et de vert là ne saurait suffire à retrouver le subtil équilibre des complémentaires cher à Vincent. Le chaos de couleurs (kaki à droite devant et au fond !) se distingue de ce qui est connu du coloriste subtil qu'il était. La recherche est certes coûteuse, en bonnes reproductions d'originaux non discutables, en temps et en pixels, mais il existe aujourd'hui des outils informatiques qui permettent de confronter aux originaux les couleurs des œuvres en litige, de chercher par exemple le pourcentage de rouge, d'explorer son voisinage, de saisir une plage de couleur de l'extraire et de la reporter, de durcir le dessin, de filtrer, etc. Ces techniques qui objectivement mettent en évidence ce que l'on retrouve et ce que l'on ne retrouve pas ont été ignorées. On a au contraire scindé touche, couleur et dessin. Cela ne peut que conduire à de la confusion, le propre de la démarche du parodiste est précisément la combinaison d'emprunts.

Des à-plats, sans variation de teinte ; un pointillisme à couleurs combinées, jaune et bleu pour l'allée, moucheté d'un peu de vert – inspiré du coin inférieur droit du *Jardin de Daubigny*, vert et blanc pour l'herbe ? – ; la grande maladresse de main dans le tracé des contours, les morsures de couleurs afin d'ancrer les volumes, les reprises de teintes (dans des zones secondaires ne posant aucune difficulté, comme la butte du fond) ; les ajouts comme celui du baquet meublant importé sur un sol déjà peint ; les incompatibilités du relief (formes rigides plaquées sur un terrain souple) ; les niaises combinaisons clair-sombre ; les halos décoratifs du mur de verdure qui viennent glorifier les déconcertants arbustes en boule échappés des barquettes ; le méticuleux ; l'esprit étriqué qui fait peindre comme une patiente rangée de choux en lisière du parterre derrière le baquet ou qui fait garnir préalablement de couleur le fond des parterres ; la brutalité des changements de plan (mur de verdure-pelouse, pelouses-barquettes, allée-pelouse) ; l'absence d'atténuation de la couleur et de décroissance progressive de taille des touches avec l'éloignement ; le désordre de branches parties de nulle part (dans le baquet, au-dessus, dans le fond, dans toute la zone de droite) ; l'œuf bleu sur la gauche avec sa végétation confuse ; la verdure ajoutée qui s'échappe telle une fumée de la barquette du centre et qui monte jusqu'à recouvrir les branches et les fleurs de l'arbuste étique du centre du baquet censé se trouver très en avant ; les fautes d'appréciation des tailles respectives des différentes barquettes de fleurs, les touches horizontales qui maculent de l'herbe qui ne saurait pousser que verticalement tout cela constitue un insurmontable réseau d'exceptions à l'art de Vincent que l'« exécution rapide » entrevue – sur des plans déjà secs ! – ne saurait absoudre. Lorsque les exceptions à l'art connu d'un peintre se retrouvent où que l'on regarde dans une toile, il est certain qu'il n'en est pas l'auteur.

Que « toutes les caractéristiques techniques » soient dites « compatibles avec une exécution de la fin du XIXè siècle » et que ça sente, malgré tout, un peu le « Van Gogh » : « Plusieurs caractéristiques techniques [...] ont de nombreux points communs avec celles observées dans d'autres tableaux peints par Van Gogh à Auvers en juillet 1990 », ne saurait, loin s'en faut, avoir écarté la thèse d'une œuvre posthume. Le jargon n'aide en rien.

Au surcroît, s'être dispensé d'analyse contradictoire – admettre qu'une œuvre a été contestée impose d'entendre les contestataires –, ou de recherches et d'avis de spécialistes indépendants du donneur d'ordre ; avoir négligé de confronter à des œuvres de Schuffenecker désigné de manière insistante comme l'auteur du pastiche ; avoir manqué d'entendre la spécialiste de l'œuvre de ce peintre ; avoir omis de définir un protocole et des cribles de validité des critères retenus vient souligner que c'est par grave abus de langage que la démarche fut définie comme « scientifique ».

Enfin, il y a une contradiction vraie à admettre, en privé, que les *Tournesols* sont un faux commis par Schuffenecker – ce qui, de fait, cisaille les arguties développées pour tenter de faire admettre le *Jardin* – et ne pas faire le plus grand cas, ne serait-ce que pour les critiquer pied à pied, des arguments développés par les auteurs des thèses que l'on s'efforce de démanteler.

Anne

Chacun peut saisir, à la lecture attentive de l'étude du Laboratoire, que les arguments avancés n'établissent pas la réalisation du *Jardin* par Vincent et déduire que ce qui préside au certificat du coordinateur de l'étude a été acquis ailleurs.

À la racine de la conviction de l'historienne d'art qui a mené l'étude, il y avait une conclusion ressortissant à son domaine, l'histoire de l'art. Le signalement dans la « documentation » de l'« Historique de l'œuvre précisé par Madame Anne Distel conservateur en chef au musée D'Orsay » dit tout. Comment douter de l'authenticité d'une toile à la provenance embellie ?

Indiquant que la toile vient de chez Johanna Van Gogh, cet historique a pesé de tout son poids transformant *de facto* le laboratoire en chambre d'enregistrement. Curieusement, cet historique n'est pas perçu comme certain, puisque le laboratoire a choisi une formule des plus ambiguës : « un tableau similaire provenant de Johanna Van Gogh a été exposé en 1905 à la rétrospective d'Amsterdam (*Jardin avec parterre*) ». Comment cela : « similaire » ? La question était pourtant de savoir si le *Jardin avec parterres de fleurs* était le *Jardin* examiné.

L'historique de Mme Distel suffisait à faire planer la menace calculée d'un démenti d'archives au cas où le laboratoire buterait sur de trop manifestes entraves : « L'examen des papiers de Jo [les archives de Johanna Van Gogh] ne permet pas pour l'instant de remonter plus avant [1905] bien que quelques références dans des listes plus anciennes semblent correspondre au *Jardin à Auvers* et révéleront peut-être, au fur et à mesure que notre maîtrise de ces documents exploités depuis peu se confirmera, un complément nouveau ». Cela est habile, mais c'est surtout l'aveu que Mme Distel sait alors, comme divers protagonistes, qu'un *Jardin* venu de

Schuffenecker entre chez Johanna Van Gogh en 1901.

Il aurait fallu savoir, pour que l'expertise technique soit indépendante, que les « quelques références », deux en tout, ne peuvent *pas* correspondre à ce *Jardin* pour mesurer combien l'historique proposé était tendancieux

Ainsi de : « le *Jardin* n'est pas mentionné explicitement dans la correspondance de Van Gogh », comme s'il le serait, sauf par vœu, « implicitement » ?

Ainsi du signalement fallacieux de la toile dans la « succession de Vincent Van Gogh ». Où commence le faux en écriture ? Le reste de la phrase fort calculée précisant que cette succession a été administrée par la veuve de Theo ne change rien. La « succession » de Vincent est connue par un catalogue qui, malgré ses imprécisions, ne laisse aucune place au *Jardin à Auvers*.

Ainsi du gommage de l'atypie et de la mention de trois *Jardin de Daubigny* dans les lettres de Vincent, quand la trace de deux s'y trouve (« une » petite étude et « une » de mes toiles les plus voulues) ou de l'appui de : « C'est par analogie stylistique et iconographique avec les trois représentations du jardin de Daubigny à Auvers dont Van Gogh parle à plusieurs reprises dans sa correspondance ». Il y a quelques points communs entre le faux *Jardin de Daubigny* et le *Jardin à Auvers,* mais pas avec les deux de Vincent et ce lien n'est pas « iconographique ».

Ainsi du re-gommage de l'atypie et de la radiation des opposants — quelque gradés qu'ils soient — comme Hulsker ou d'Annet Tellegen, des rangs des spécialistes actuels de Vincent : « *Jardin à Auvers* présente d'incontestables affinités avec les œuvres de juin-juillet 1890 et les spécialistes actuels de Van Gogh ne remettent pas en cause cette datation ».

Ainsi de la dissimulation que l'œuvre ne représente pas un jardin vu : « il semble exclu qu'il s'agisse de celui du docteur Gachet, il semble possible en revanche qu'il s'agisse du jardin de Daubigny… » Cela fait bon marché des contraintes qu'impose la *Correspondance*. S'il s'agit du jardin des Daubigny, alors il est nécessairement faux, faute de temps pour le peindre.

Ainsi de… mais à quoi bon ? Il faudrait tout citer, tout décoder.

L'historique fourni est également hautement blâmable pour avoir évacué les épisodes clés liant Schuffenecker et Johanna Van Gogh avant que le *Jardin* soit repéré chez elle. Il fallait chercher de ce côté et non assurer, en écrivant avec une grosse plume que cette recherche ne menait nulle part : « L'investigation portant sur les collections des frères Schuffenecker avant 1908, ainsi que sur celle de leur ami Julien Leclercq (1865-1901) poète et critique, organisateur de l'exposition consacrée à Van Gogh en 1901 chez Bernheim Jeune n'a pu établir que l'un d'eux ait été possesseur de cette peinture ».

Qui a mené l'investigation ? Qui a produit quelle exégèse de la correspondance conservée et non publiée ? Quel est le *Jardin* entré chez Johanna en avril 1901 ? Cette carence – ou plutôt ce refus d'investigation, comme l'intrusion subreptice de *leur ami Julien Leclercq* en témoigne – permit de prétendre l'historique « à jour » et d'estimer « raisonnable » de s'y fier. Il s'agit à tout le moins d'un abus discréditant gravement la parole muséale.

Aussi partial et partiel que le reste de l'étude, l'historique sélectif contourne, nie et évacue les difficultés sans n'en jamais résoudre aucune. C'est par succession d'artifices qu'il a pu être conclu : « L'indication d'une provenance Schuffenecker apparaît totalement dénuée de fondement et, par ailleurs, il n'existe aucune preuve formelle de l'activité d'Emile Schuffenecker comme faussaire ».

Le déni n'est qu'aveu. Des témoignages et de multiples preuves des falsifications de Schuffenecker existent, certaines sont publiques. Les catalogues de l'œuvre de Vincent regorgent de preuves formelles de l'activité d'Emile Schuffenecker comme faussaire, le tout est de savoir les débusquer. Il en existe bien d'autres, non discutables, de l'activité falsificatrice d'Emile Schuffenecker, comme la présence dans sa collection d'une fausse répétition fragmentaire aujourd'hui disparue, son bricolage revendiqué sur des Cézanne, le mensonge éventé de son frère surpris avec une copie dans sa collection, la retouche de la copie, peinte par Judith Gérard, de *L'Autoportrait en simple adorateur du bouddha éternel*, pour la rendre authentique et sa vente, le fait qu'il ait été démasqué à plusieurs reprises, l'existence de très nombreux doublons dans sa collection etc. *L'Arlésienne* aussi qui émerge tandis que nul autre qu'Emile Schuffenecker (hors Vincent et Theo) n'a jamais détenu l'original. *Tournesols*, *Berceuse* ou « *Autoportrait* » accusent également. Il faudrait surtout s'inquiéter de savoir si nombre d'efforts visant à interdire la libre expression des doutes, si les dissimulations et les présentations tendancieuses ne constituent pas la preuve tangible que les preuves formelles existent bel et bien.

La méthode est efficace. Menées en avril, les investigations sont rendues publiques le 25 juin 1999. Appâtée et convoquée en petit comité, « la presse qui compte » vient entendre les résultats et fait généralement le lendemain ce qu'on attend d'elle. Sans connaissance, sans la plus petite capacité de critique, sans le moindre temps pour seulement s'informer, tambour du pouvoir, elle répercute. Après, quand des réfutations lui seront proposées, elle dira avoir déjà beaucoup parlé de cette affaire, trop pour y revenir, masquant ainsi son rôle d'auxiliaire.

L'étude que Mme Cachin, sa commanditaire, définit comme un « vrai travail scientifique qui dépassionne les débats », est hypocritement bue comme petit lait. L'opinion apprend qu'à l'issue d'une « étude comparative » qui a « éliminé » l'hypothèse d'un faux réalisé par Claude Emile Schuffenecker, le *Jardin* est re-re-devenu l'authentique Van Gogh certifié par les musées de France qu'il n'a jamais cessé d'être. Aurait-il pu en être autrement après tant et tant d'efforts, de compromissions ?

Une petite note insolite émaille ses commentaires. Venue superviser le compte-rendu de ses obligés, de retour d'une manifestation au musée Van Gogh dont elle se targue, Mme Cachin a remarqué « en observant une œuvre de Schuffenecker, notamment les touches, qu'il était gaucher ». Cela reste certes, assure-t-elle, « à démontrer », mais, reprise partout, la nouvelle faribole d'illuminée fait merveille. Enfin un argument !

La bourde aurait cependant pu être évitée en sachant ce qu'est l'écriture d'un gaucher ou bien en s'intéressant aux autoportraits de Schuffenecker – dont celui conservé au Louvre – ou encore en connaissant le dithyrambe publié à l'été 1894 dans la revue *Le Cœur* par son directeur, le comte Antoine de la Rochefoucauld : « Et Schuffenecker est terrassé par la lueur qu'il a entrevue, semblable en cela à Pierre, à Jacques ou à Jean. Il ne peut se relever tout d'abord… mais lorsque sa dextre, qu'il croit peu assurée, a ressaisi le pinceau, voici que le chef-d'œuvre survient… » La main de l'auteur du *Jardin* était conforme, droite, et le « chef-d'œuvre » fatalement automatique. Ne demeure qu'une affligeante réalité : le dédain pour la piste Schuffenecker est si grand, l'arrogance des ignorants est telle que l'opportunité de démasquer le faussaire s'est contentée d'un regard louchon. La compétence vangoghienne de Danièle Giraudy ou de Mohen valait l'aptitude de Françoise Cachin à dénicher les mains gauches.

Une mascarade apparaîtra pendable. L'urgence d'obtenir la complicité d'une presse unanime talonnait et les carnets de santé du canard boiteux, toujours plus avertis, se succédaient, s'allant répétant que l'historique et l'examen du laboratoire avaient permis de « réfuter logiquement les doutes concernant l'authenticité de l'œuvre ».

L'accès aux archives Bernheim avait permis à Madame Distel de découvrir le très éphémère passage chez Druet en 1909. Son historique daté du 21 juin 1999 le résuma en disant par parenthèses : « Ce livre d'entrée de Bernheim Jeune consigne que le tableau avait été précédemment cédé au marchand E. Druet associé à Jos Hessel, le 12 mai 1899, vente annulée le 15 du même mois ». C'était trop. L'historique révisé faxé le lendemain, escamota la mention de l'achat Druet... trop susceptible d'ajouter au doute. Au doute, à quel doute ?

VERSION DU 21 06 1999

Le *Livre d'entrée* de Bernheim Jeune a enregistré l'entrée de l'oeuvre, *Le jardin 67 x 81* sous le n° 17270 associée au cliché Druet n° 41 825 (voir article de Michel Dauberville dans *Le Journal des arts* , 29 août 1997 et annexe 1: photographies de l'album de photographies *Van Gogh* - photographie Druet annotée au revers- et du *Livre d'entrée* de Bernheim Jeune.
Ce *Livre d'entrée* de Bernheim Jeune consigne que le tableau avait été précédemment cédé au marchand E. Druet, associé à Jos Hessel, le 12 mai 1909, vente annulée le 15 du même mois).
Cette transaction est également consignée dans les archives Cassirer dont le livre de ventes
5 avril ... nale ... on à Bernheim Jeune de *1086 C...* ... annex...

VERSION DU 22 06 1999

[1] Le *Livre d'entrée* de Bernheim Jeune a enregistré l'entrée de l'oeuvre, *Le jardin 67 x 81* sous le n° 17270 associée au cliché Druet n° 41 825 (voir article de Michel Dauberville dans *Le Journal des arts* , 29 août 1997). Cette transaction est également consignée dans les archives Cassirer dont le livre de ventes au 5 avril 1909 signale la cession à Bernheim Jeune de *1086 Garten 2 000 Marks* (photocopie publiée par Michel Guerrin, *Le Monde*, 29 novembre 1996).

5

Le doute s'évapore

l'administration de l'hospice est
— comment dirai je — jésuite, ils sont
très très fins, très savants,
très puissants, même impressionistes.....
ils savent prendre des renseignements
d'une subtilité inouïe — mais — mais —
cela m'étonne et me confond — pourtant......

Vincent, 22 mars 1889.

LE PREMIER ÉTAIT DE NE RECEVOIR JAMAIS AUCUNE CHOSE POUR VRAIE, QUE JE NE LA CONNUSSE ÉVIDEMMENT ÊTRE TELLE : C'EST-À-DIRE, D'ÉVITER SOIGNEUSEMENT LA PRÉCIPITATION ET LA PRÉVENTION; ET DE NE COMPRENDRE RIEN DE PLUS EN MES JUGEMENTS, QUE CE QUI SE PRÉSENTERAIT SI CLAIREMENT ET SI DISTINCTEMENT À MON ESPRIT, QUE JE N'EUSSE AUCUNE OCCASION DE LE METTRE EN DOUTE.

LE SECOND, DE DIVISER CHACUNE DES DIFFICULTÉS QUE J'EXAMINERAIS, EN AUTANT DE PARCELLES QU'IL SE POURRAIT, ET QU'IL SERAIT REQUIS POUR LES MIEUX RÉSOUDRE.

LE TROISIÈME, DE CONDUIRE PAR ORDRE MES PENSÉES, EN COMMENÇANT PAR LES OBJETS LES PLUS SIMPLES ET LES PLUS AISÉS À CONNAÎTRE, POUR MONTER PEU À PEU, COMME PAR DEGRÉS, JUSQUES À LA CONNAISSANCE DES PLUS COMPOSÉS; ET SUPPOSANT MÊME DE L'ORDRE ENTRE CEUX QUI NE SE PRÉCÈDENT POINT NATURELLEMENT LES UNS LES AUTRES.

ET LE DERNIER, DE FAIRE PARTOUT DES DÉNOMBREMENTS SI ENTIERS, ET DES REVUES SI GÉNÉRALES, QUE JE FUSSE ASSURÉ DE NE RIEN OMETTRE.

CES LONGUES CHAÎNES DE RAISONS, TOUTES SIMPLES ET FACILES, DONT LES GÉOMÈTRES ONT COUTUME DE SE SERVIR, POUR PARVENIR À LEURS PLUS DIFFICILES DÉMONSTRATIONS, M'AVAIENT DONNÉ OCCASION DE M'IMAGINER QUE TOUTES LES CHOSES, QUI PEUVENT TOMBER SOUS LA CONNAISSANCE DES HOMMES, S'ENTRE-SUIVENT EN MÊME FAÇON ET QUE, POURVU SEULEMENT QU'ON S'ABSTIENNE D'EN RECEVOIR AUCUNE POUR VRAIE QUI NE LE SOIT, ET QU'ON GARDE TOUJOURS L'ORDRE QU'IL FAUT POUR LES DÉDUIRE LES UNES DES AUTRES, IL N'Y EN PEUT AVOIR DE SI ÉLOIGNÉES AUXQUELLES ENFIN ON NE PARVIENNE, NI DE SI CACHÉES QU'ON NE DÉCOUVRE. ET JE NE FUS PAS BEAUCOUP EN PEINE DE CHERCHER PAR LESQUELLES IL ÉTAIT BESOIN DE COMMENCER : CAR JE SAVAIS DÉJÀ QUE C'ÉTAIT PAR LES PLUS SIMPLES ET LES PLUS AISÉES À CONNAÎTRE; ET CONSIDÉRANT QU'ENTRE TOUS CEUX QUI ONT CI-DEVANT RECHERCHÉ LA VÉRITÉ DANS LES SCIENCES, IL N'Y A EU QUE LES SEULS MATHÉMATICIENS QUI ONT PU TROUVER QUELQUES DÉMONSTRATIONS, C'EST-À-DIRE QUELQUES RAISONS CERTAINES ET ÉVIDENTES, JE NE DOUTAIS POINT QUE CE NE FÛT PAR LES MÊMES QU'ILS ONT EXAMINÉES; BIEN QUE JE N'EN ESPÉRASSE AUCUNE AUTRE UTILITÉ, SINON QU'ELLES ACCOUTUMERAIENT MON ESPRIT À SE REPAÎTRE DE VÉRITÉS, ET NE SE CONTENTER POINT DE FAUSSES RAISONS.

René Descartes, *Discours de la méthode*, (1637)

Roland

Initiées coup sur coup, les actions en justice de la famille Vernes et de Me Binoche sont examinées presque simultanément.

L'audience pour la plainte de Me Binoche contre *Le Figaro* – qui a muselé son Journaliste (la majuscule est de mise) – passe en tête le 8 mars 2000 devant le Tribunal de Grande Instance de Paris statuant en matière civile. Fort de la lettre (comment dire, aussi tardive que gravement suspecte ?) de Walter Feilchenfeldt à Me Binoche, le conseil du commissaire-priseur, Me Roland Rappaport, a beau jeu d'affirmer : « Me Binoche a eu connaissance de ces archives avant de publier son catalogue ». Vite, une Valda !

L'étude des musées – que les juges n'ont certes pas la capacité de critiquer, mais tel n'était-il pas le but de la manœuvre qui consistait à s'auto-désigner expert pour éviter que le tribunal ne soit tenté d'en nommer un ? – peut être brandie pour discréditer Jean-Marie Tasset qui avait eu l'impudence, nous dirons la dignité, de ne pas s'aligner.

Me Rappaport peut laisser libre cours à sa version des faits, en flagrant conflit avec le connu, et prendre violemment à partie le Journaliste (un complot, dont le maître d'œuvre est Jean-Marie Tasset, épaulé par sa direction, en collusion avec la famille Vernes). Et de fustiger les démonstrations (malhonnêtes, construites à coups de mensonges et d'interviews fabriqués). Le Journaliste répondra : « A travers *Le Figaro*, j'ai transmis des études [qui avaient été] occultées, car elles heurtaient les intérêts puissants de l'argent et des institutionnels ». Le jugement est mis en délibéré au 4 mai 2000.

Le 30 mars, au procès de la famille Vernes contre Me Binoche, Me Rappaport, cette fois en défense, réédite sa thèse, prie, sans rire, les magistrats de « rendre justice à Van Gogh », il mentionne l'offre faite par Me Binoche de remettre lui-même le *Jardin* en vente. Le jugement est mis en délibéré au 3 mai 2000.

Le tribunal se déclarant incompétent, comme il était d'emblée prévisible, en raison de l'article 31 de la loi du 29 juillet 1981, Me Binoche est débouté le premier. Les attendus du jugement notent cependant que M. Tasset a « gravement porté atteinte à l'honneur et à la considération » du commissaire-priseur et que les « insinuations » sur son « manque de rigueur et d'honnêteté » sont « diffamatoires ». Ainsi va la justice (minuscule de mise) !

Plus tard l'affaire ira en appel déboutant de nouveau le 21 mars 2002, puis devant la deuxième chambre civile de la cour de Cassation où le commissaire-priseur aura gain de cause le 7 octobre 2004, la cour renvoyant l'affaire devant la cour d'appel de Paris. La poursuite semble pourtant s'être arrêtée là, tandis que les observations laissaient clairement augurer une condamnation du *Figaro* pour diffamation publique. Le motif de l'abandon pourrait être lié au départ à la retraite de Jean-Marie Tasset ou aux démêlés judiciaires de Me Binoche, plaignant qui sera condamné, en mars 2004 pour une autre affaire, à huit mois de prison avec sursis et une forte amende. Le glas sonnait dans le monde feutré des affaires, un autre jugement donnait à Me Tajan l'occasion de surenchérir avec quinze mois et 200 000 euros.

Le lendemain du jour où Me Binoche est débouté, la famille Vernes et ses conseils apprennent que la même infortune les frappe.

Dans ses attendus attendus, le Tribunal a en effet estimé qu'aucune faute ne saurait être reprochée aux commissaires-priseurs ; qu'il est douteux que la « perte de la valeur marchande du tableau », « au demeurant non démontrée », soit « absolue et définitive » (le marchand Daniel Wildenstein avait déclaré que, vrai ou faux, le tableau n'était désormais plus vendable) ; que la toile peut être remise en vente « dans des conditions meilleures que celles du 10 décembre 1996 », puisque tirant son origine, non « d'une qualité substantielle, mais de phénomènes extérieurs » ; qu' « aucune découverte parfaitement sûre de nature à faire naître une légitime méfiance » ne s'est manifestée. S'agissant de l'étude commandée par Mme Cachin à ses services, la Cour considère que « l'œuvre » – qui a contre toute évidence et par commodité cessé d'être « atypique » – « par son sujet, sa composition et sa structure formelle » se rapproche « de plusieurs toiles connues de Van Gogh et d'un processus de création qui lui est familier, notamment dans les compositions de Saint-Rémy, en 1889, et d'Auvers, en 1890, également construites dans un format homothétique, en volutes décoratives à partir d'un réseau géométrique diagonal » [réseau inventé pour la circonstance par Mme Giraudy qui n'a jamais, ni avant ni après écrit une seule ligne sur la perspective en général ni celle d'aucun peintre en particulier] cet « avis de haut niveau se révèle assurément plus puissant » que les textes des détracteurs d'une « précision moins grande ».

Sans doute saisi par quelque ressouvenance des, presque, vingt ans de ferraillage à l'aveugle des services de l'Etat pour tenter d'annexer une œuvre connue par photo et oui-dire, le tribunal a innové, accusant les autres du péché des uns. Mystifié par les abus des plaideurs, il a le sentiment que les articles contestataires ont été écrits par des auteurs, tout juste des individus, qui n'avaient pas eu le loisir d'examiner l'œuvre et qui se sont fondés « sur de vagues souvenirs ou la contemplation d'une photographie ».

Le tribunal semble avoir au passage tenu le constat du professeur Pickvance – jamais de pointillisme aussi systématique – pour frivole. Les attendus du jugement rangent parmi les avis décrétés dénués de portée, ceux qui ont souligné : une touche pointilliste qui ne se retrouverait pas dans le reste de la production de l'artiste pour la période considérée. La consultation du catalogue de la période d'Auvers aurait pourtant permis, même à un juge, d'entrevoir la qualité de l'enfumage. Mais il s'agissait d'autre chose.

Le nébuleux, le faux et l'imprécis ont été pris par les magistrats pour de la haute précision scientifique. La seule page du rapport du laboratoire, intitulée « Les matériaux de Van Gogh, Annexe 4 », suffit pourtant à mettre en évidence l'amateurisme.

Elle fait envoyer des toiles par « les Roulin » en mai 1890 à Auvers – sans doute un médecin-chef d'asile et un facteur et sa femme, Arles, Saint-Rémy ou Marseille, est blanc bonnet et bonnet blanc, un peu comme Van Schuff et Goghenecker.

Elle fait conserver, sous le lit de Theo « envahi », les toiles envoyées depuis Auvers, tandis qu'il ne conserve que peu. Depuis un an, il remise les toiles chez à Tanguy, un « trou à punaises » selon Vincent.

Elle fait « fixer », par Vincent, les toiles « sur les murs de sa chambre où pouvaient avoir lieu des retouches le soir » – chambre réputée mansardée aussi propice aux accrochages qu'aux plusieurs séances de peinture-yoga en contre-plongée à la chandelle.

Elle affirme que l'« on connaît par sa correspondance avec son frère, les matériaux de Van Gogh, les dates de ses commandes et de leurs livraisons par ses marchands parisiens » attestant de « l'abondance de sa production ». Quel est, au juste, le connu ? « *10 mètres de toile, si cela ne te dérangeait pas, mais si puisque c'est vers la fin du mois cela te dérangerait, tu enverrais vingt feuilles papier Ingres* » et « *douze tubes blanc de zinc de Tasset et deux tubes moyens laque géranium* », plus une « *une commande de quelques couleurs* » [liste perdue], et « *la commande de couleurs ci-jointe* » [liste perdue] et enfin « *Ci-inclus je dois t'envoyer une commande de quelques couleurs* » que Vincent n'aura pas le temps d'utiliser, mais qui ne seront pas perdues pour le tout petit monde Gachet. Douze tubes, dix mètres de toile, deux commandes au contenu ignoré et deux accusés de réception, dont un précisant le nom du fournisseur. S'il fallait déduire « l'abondance de la production » de cela, des débats pourraient naître. Peindre près de quatre-vingts tableaux resplendissant de couleurs sur dix mètres de toile avec du blanc et du rouge est sans conteste l'exploit d'un génie.

Quant à « la touche énergique que l'on retrouve notamment dans le *Parc de l'Asile* » et qui pourrait avoir « influencé en partie l'artiste », c'est un exemplaire motif d'hilarité. Cette copie, que l'examen suffit à disqualifier et que l'exégèse de la *Correspondance* récuse a été réalisée par l'atelier Gachet (d'après une aquarelle faite d'après une photo) avec le secours de la description détaillée donnée par Vincent dans une lettre à Emile Bernard. Elle a été offerte par le fils du docteur Gachet à la Fondation Van Gogh en 1954. Après avoir été condamnée dès son don par une expertise intéressante, mais non publiée et après avoir été conséquemment reléguée trente-deux ans en réserves elle est « redevenue authentique », en 1986, par la fortune de diverses erreurs de lecture des lettres de Vincent. A l'erreur initiale, commise par M. Ronald Pickvance et Louis van Tilborgh et aujourd'hui reconnue, Louis Van Tilborgh en a, misérable tricherie, substitué une autre, plus manifeste encore. Vincent dit à son frère que son colis de la veille ne contient pas de toile de 30 car elles ne sont pas sèches. Abusant de la naïveté des crédules affirme qu'il en a envoyé le *Jardin de l'Asile*, toile de 30. Voila le faux ancré dan la *Correspondance*. Qui croire ? Vincent ou Van Tilborgh ? Que croire, sinon que les tribunaux paraissent moins gobe-mouches en Bretagne qu'à Paris. Quand, pour enfin retrouver la touche observée dans une toile discutée, on en est réduit à devoir recourir à un faux et à son influence supposée sur le peintre, on a presque démontré que les caractéristiques que l'on était en devoir de retrouver font défaut dans les œuvres authentiques.

Il était cependant clair que, quelque fussent les arguments échangés, les protagonistes iraient en appel. La famille Vernes déboutée interjeta appel, Me Binoche fit de même.

Un sondage BVA, réalisé du 16 au 18 novembre 2000, en face-à-face, auprès d'un échantillon de 1 017 personnes, classe « Van Gogh » – le vrai sans doute – artiste préféré des Français avec un score de 41 %, devant Monet qui le talonne à 37% et Da Vinci qui se tient dans son ombre avec un point de moins. Une étude indiquera en 2008 que la source d'information la plus fiable, après les bibliothèques est les musées.[8]

InterConnections: The IMLS National Study on the Use of Libraries, Museums and the Internet
Conclusions

CONCLUSION 1. Libraries and museums evoke consistent, extraordinary public trust among diverse adult users.

Trust is an important factor in deciding which information sources to use. People have different perspectives on the trustworthiness of the information available and obtained through different sources. The survey asked adults to rate the trustworthiness on a 5-point scale ranging from 1 – "not at all trustworthy" to 5 – "extremely trustworthy." Libraries and museums rated higher than other sources. Information obtained during in-person visits to museums and libraries was consistently more trusted than information obtained online from museums and libraries. Information found from other sources on the Internet was rated lower than information obtained online from museums and libraries.

Libraries and museums are the most trusted sources of information according to a survey of over 1,700 adults.

Male and female adults of all ages, levels of education and race/ethnicity rate trustworthiness of libraries and museums higher than other sources of information.

Libraries and museums are trusted far more than other sources of information including government, commercial and private individual websites (4.58 and 4.33 compared with 3.00, 2.54 and 2.14 for the websites).

---

8. http://www.interconnectionsreport.org/reports/ConclusionsFullRptB.pdf

Laurence

Le 7 février 2001, les *Petites Affiches* publient les réflexions de Laurence Bineau-Armengaud, docteur en droit chargée d'enseignement à l'Université du Havre sur le jugement de première instance. Si la chercheuse montre en quoi le jugement est pour partie conforme à la jurisprudence, c'est pour mieux souligner le motif de l'étude : la décision contradictoire et contestable rendue « rompt avec une tradition bien établie ». L'auteur remarque que :

> « les juges ne semblent pas apprécier les avis de certains experts, seul ferait foi pour eux « l'avis de haut niveau du laboratoire des musées nationaux. » « Nous serions prête à conclure à l'absence de doute réel et sérieux en l'espèce si la seconde proposition ne venait à son tour semer le doute ! : « Seule une démonstration convaincante de l'absence d'authenticité du tableau pourrait entraîner la nullité de la vente, ce qui n'est pas le cas » Ainsi, pour refuser la nullité, les juges relèvent l'absence de doute sérieux, et pour l'accepter ils exigent la vérité quant à la paternité de l'œuvre. N'est-ce pas empreint de contradiction ? L'acceptation et le rejet de l'authenticité n'obéissent pas aux mêmes conditions ! Pourtant, il s'agit de l'appréciation de la validité d'un même acte. En réalité, soit les juges doivent admettre comme par le passé que le doute est suffisant pour une demande en nullité, soit ils doivent clairement poser d'autres conditions, à savoir la seule démonstration de l'inauthenticité, et rompre avec la tradition. L'embarras des juges dans cette affaire... »

Le développement sera pour dire les dangers de

> « vouloir exclure tout contentieux relatif à l'erreur » et la conclusion pour remarquer qu' « écarter l'existence d'un doute [...] parce qu'il n'est pas fait état de la vérité [...] est nécessairement nier une erreur ou s'interdire de la rechercher [...] c'est alors choisir l'efficacité du droit – la sécurité des transactions – au mépris de

la justice et du droit – le respect de la volonté des contractants. C'est aussi surtout dénaturer la complexité du réel. En effet il n'est pas toujours possible d'avoir une certitude [...] le doute est autant réel que le vrai et le faux [...] Le droit peut-il demeurer longtemps efficace s'il occulte une réalité ? »

Comment ne pas souscrire à si brillante dialectique ? Maudit *Jaraïn* traçant son chemin en poursuivant ses ravages ! Dans sa bousculade des repères, il fauchait les quilles juridiques. Refuser de reconnaître l'évidence avait été payé au prix le plus fort: le « mépris de la justice et du droit ».

Brigitte

Le 7 mars 2001, devant la Première chambre de la cour, celle-là même qui avait condamné l'État à verser les 145 millions de francs à la famille Walter, somme calculée sur le montant de la vente de 1992, le bâtonnier Bernard Du Granrut plaide pour l'annulation de cette vente. Autrement dit, il demande à un tribunal qui a déjà déclaré le *Jardin* authentique, et partant suspect de partialité, de se dédire et d'admettre l'existence d'un doute nouveau venu attenter aux certitudes qui avaient fondé le jugement précédent. Le Substitut Général, Mme Brigitte Gizardin, ne s'y trompera guère tout en prenant le soin de rappeler les : « conclusions du Ministère public en première instance qui écrivait que considérer que le classement interdirait de remettre en cause l'authenticité de l'oeuvre reviendrait à attribuer en ce domaine au ministre de la Culture une infaillibilité de nature quasi pontificale qu'il n'envisage certainement pas de revendiquer.» Délaissant le pontife on allait s'aligner sur l'infaillibilité de ses prélats qui avaient miltiplié les « observations ». Son réquisitoire arguera finalement que le refus d'annuler la vente pourrait réhabiliter la toile – et probablement du même geste la cour ? Le passé n'y suffisant plus, le droit, en progrès constant, statue désormais sur un hypothétique futur ! Brigitte Gizardin réclame que les héritiers Vernes soient déboutée au motif que, au regard des certitudes, les doutes sont minces et les preuves absentes. Comme si Brigitte Gizardin avait su lire les preuves picturales ! Comme si certitude – certitude de quoi ? – et doute étaient des denrées qu'elle aurait su trier, peser, mesurer, mélanger, quantifier ! Comme si le doute, si ténu qu'il soit, n'anéantissait pas la certitude ! Comme si la certitude était un de ces matériaux modernes que pourraient vanter les camelots, inoxydable et susceptible d'absorber, de dissoudre sans qu'il y paraisse, x fois son poids en doutes sulfureux !

Philosophe quantifieur de scepticisme, Mme Gizardin s'était présentée en lectrice de *Connaissance des Arts* tout à son affaire. Parlant au nom du Parquet Général, elle disait trouver ce journal bien, et s'était munie d'un ancien numéro – celui dans lequel, coïncidence, je dénonçais la supercherie Gachet. Elle lut en point d'orgue la docte conclusion chèvre et choux d'un papier, écrit par un journaliste du *Monde,* invité es-qualité par la revue (s'autoprotégeant ainsi des retours de bâton que ma dénonciation promettait), papier qui expliquait aux experts qu'ils devaient s'accorder afin qu'enfin la vérité vraie soit sue. C'était mieux dit : « les observateurs neutres appellent de leurs voeux la constitution d'un comité Van Gogh, international et incontestable ».

Me Gizardin avait si intensément suivi les débats qu'elle évoqua la « campagne de dénigrement » dont le tableau avait été la proie innocente et qui avait conduit au fiasco de la vente de 1996 et s'avoua incapable de prononcer le nom de Schuffenecker – « Comment s'appelle-t-il, je n'arrive jamais à dire son nom ? » – patronyme qui avait pourtant résonné depuis cinq ans et en tambour durant les quelques cinq denses heures des plaidoiries. Que n'avait-t-elle ouvert les ouvrages où Schuff (prononcer Chouffe) est désigné par le sobriquet qu'affectionnait Gauguin.

Les arguments échangés avaient pourtant été du plus haut intérêt. D'entrée de jeu – car par plusieurs manières cet après-midi-là en fut aussi un – le bâtonnier avait insisté sur la portée juridique d'un cas, pour lui, net comme une hypothèse d'école – d'ancienne école. La loi fait obligation, à qui vend, de garantir l'authenticité. La vente doit être annulée lorsqu'un doute réel et sérieux devient manifeste, car, vicié par le doute, le consentement s'invalide. A ne pas respecter ce principe, on aboutit à une double aberration, juridique comme économique. Tel était l'argument de fond décliné. Le bâtonnier le formulait aussi autrement : ce n'est pas à l'acheteur d'apporter la preuve que la toile est fausse, c'est au vendeur de montrer qu'elle est authentique et, en l'espèce, non seulement il y a doute, mais encore les commissaires-priseurs ont, manœuvre fautive, modifié l'origine du tableau – information qui constitue pour partie la qualité substantielle – la vente doit être annulée.

L'essentiel des plus de deux heures du temps de parole de sa plaidoirie furent pour accumuler sournoisement un méchant nuage lourd au-dessus de la tête du tribunal : la jurisprudence de la Cour de cassation est constante : dans le doute, compte la faute ! Sous-entendu : peut-être, vais-je me ramasser devant votre cour, mais lorsque j'irai en cassation, car c'est elle qui dit le droit, votre arrêt sera censuré. Quelques moments irrévérencieux avaient ponctué le plaidoyer. Le classement d'office du *Jardin* aux Monuments historiques et les assurances muséales avaient visiblement amusé l'avocat. Il avait parlé de « faux compatible » avec les analyses du Laboratoire de recherche des musées de France et évoqué la provenance « selon toute vraisemblance » donnée par une subordonnée du rapporteur de la commission de classement. Pour un peu Me du Granrut aurait conclu sur un mot de l'illustre Me Floriot plaidant une affaire difficile à Genève : « Et quand on examine l'histoire des erreurs judiciaires, on voit que la plupart du temps ce sont les experts qui sont à l'origine de ces erreurs-là. Rappelez-vous l'affaire Dreyfus... La science des experts ? Ah, non ! La certitude des experts ? Ah, deux fois non ! »

Roland

Défenseur de Me Binoche, Maître Roland Rappaport admet d'emblée que la garantie est effectivement due à l'acheteur, la chose est entendue, mais, pour lui, le commissaire-priseur s'est acquitté de cette obligation de manière plus qu'exemplaire. La certitude a été soigneusement établie par des experts, de vrais experts ! Le doute ? Quel doute ? Le « doute suffisant » dont il venait d'entendre dessiner les périlleux méandres ? Ce n'était point du doute. Une « cabale », Madame ! Une cabale montée par le facétieux responsable des Arts du *Figaro* : Jean-Marie Tasset. Voilà l'ennemi ! Qu'on en juge ! Ce plumitif coupable a d'abord dit le plus grand bien du *Jardin*, au moment de sa vente 1992, puis il a écrit, en 1995, à Jean-Marc Vernes – qui n'en a, vous vous en doutez bien, nullement fait cas – pour dire que son *Jardin* était un faux commis par Schuffenecker, puis, l'année suivante, il a présenté ce même *Jardin* comme un « Van Gogh » dans un article annonçant l'ouverture de l'exposition *Passions Privées*. Il s'est ensuite dispensé de toute allusion à l'éventuelle activité falsificatrice de Schuffenecker dans son commentaire sur la rétrospective du peintre, pour enfin en revenir à sa thèse initiale. Ces zigzags ne sont pas les seules fourberies de l'écrivassier. Ce sournois a donné la parole à des gens qui ne le méritaient pas, tout juste des individus, et encore, par protection, des amateurs. Voilà la presse ! Presse d'ailleurs au service de la famille Vernes est-il besoin de le rappeler ?

Crime des crimes, ce Tasset a falsifié des interviews ! L'un d'eux, essentiel, est celui de Jan Hulsker, auteur des derniers catalogues raisonnés. Oh certes, si Monsieur Hulsker respectable spécialiste de Van Gogh – de sa correspondance du moins – avait dit le *Jardin* faux, bien sûr, on serait en droit de se poser des questions et il y aurait, ma foi, sans doute, doute, mais il ne l'a point dit ! Tasset a fabriqué l'interview ! dit en substance l'avocat après avoir pris le soin de dire qu'il veillait au trébuchage de ses palabres.

Sachant probablement que M. Tasset ne s'est pas rendu au Canada pour interviewer Hulsker, et ayant lu « propos recueillis par Jean-Marie Tasset » en marge du papier du *Figaro*, Me Rappaport semble sûr de son fait : interview bidonné ! Il se trouve que non. La réalité est différente.

Après la tentative de vente avortée du *Jardin*, M. Tasset a souhaité interviewer Jan Hulsker. Il n'était pas question que *Le Figaro* finance ce voyage d'agrément en Colombie britannique. Le vieux monsieur se défiant de la presse comme de la peste porcine, il fallait auprès de lui une introduction. Me sachant en étroit contact avec lui et ayant sa confiance, M. Tasset me pressa de demander au savant, affaire délicate, s'il consentirait à un interview, qu'il préférait écrit (afin d'éviter, sait-on jamais, les : je-n'ai-jamais-dit-ça, cela s'est vu par le passé).

L'occasion était la publication du *New Complete Van Gogh* de Hulsker et l'espoir était que l'auteur évoque, en chute, le cas de l'invendu célèbre. La réponse de Hulsker m'arriva, le 20 décembre : « dis-lui de ma part que (par exception) je lui enverrai mes réponses par écrit ». Les conditions étaient que les questions écrites transitent par mon entremise. Hulsker m'envoyait un texte de réponse brut de décoffrage afin que j'en prenne connaissance, que j'évacue les scories et relise le français, que je réinsère dans le texte les questions auxquelles il aurait répondu, que je lui retourne le tout pour vérification, retouches et aval. « Je te remercie par avance de tous tes soins, Cela me rassure beaucoup que le texte final passera par tes mains ». Ainsi fut fait. Les fax témoignant des échanges demeurent.

Il n'était d'ailleurs, pour éviter de diffamer le journaliste en le disant félon, que de demander à Hulsker s'il était d'accord au mot-à-mot avec les propos que lui avait imputés *Le Figaro*. Il est vrai que prendre cette peine aurait rompu la ligne de défense. Et à quoi bon… puisqu'il n'y a doute aucun, pas l'ombre de la queue d'un !

Que me disait Hulsker dans son fax n° 2504775449 expédié à 15 heures 20 locales, le 7 janvier 1997 de la Cadboro Bay Pharmacy de Victoria, Canada ?

« Merci et merci encore de toute la peine que tu t'es donnée pour cette pièce ! Le résultat semble parfait. Je n'ai aucune hésitation à la faire encore un peu plus parfaite (si c'était possible !) en y ajoutant les mots tant désirés par Monsieur T. Ne le ferons pas trop long. Je propose : un inconditionnel « certainement ». Vous pensez naturellement au fameux « *Jardin à Auvers* » Le caractère très différent de cette toile avait déjà attiré mon attention. La récente polémique ne m'a pas surpris et n'a certainement pas apporté des arguments en sa faveur. Usuellement ce tableau était daté des dernières semaines de la vie de Vincent. Comme cette œuvre est une de celles qui ne me semblent pas être de la main de Vincent, elle doit être... posthume ! Si tu es d'accord avec ce texte, la dernière question ne devrait pas être ... pourraient être... mais pourraient être posthumes ? Et la réponse : « Certainement, ma réponse est sur ce point un inconditionnel « absolument ». Vous pensez naturellement etc. ».

Et Hulsker d'ajouter à la main au bas du fax « évidemment tu peux changer ce que tu veux ». Lui n'avait pas davantage de temps à perdre avec la mise en forme. Mandaté, autorisé et respectueux, j'ai changé « certainement » en « tout à fait » pour éviter sa redite d'adverbe, « usuellement » en « d'ordinaire » et « était daté de » en « étant affecté à » (pour éviter l'ambiguïté « toile datée ») et j'ai remonté une incidente. Affirmer la pensée de Hulsker trahie n'est donc que basse calomnie.

Comment, au fait, le 20 avril 1939, Emile Bernard a-t-il réagi quand il sut qu'on l'accusait de bidonner des Cézanne vendus par Vollard ?

« J'apprends avec une surprise stupéfiante qu'on vous aurait dit que je répétais partout que je finissais vos Cézanne ou autres toiles. Nous vivons il est vrai dans un temps où le mensonge ne coûte pas cher à ceux qui en usent pour des fins malicieuses, toutefois j'avoue que cette fois les bornes du possible sont dépassées et je reste écrasé sous le poids d'une pareille calomnie. J'espère que vous me connaissez assez pour n'y point ajouter foi et rire d'une semblable absurdité. » (Arch. Vollard, Orsay)

Hulsker ne voulait plus du *Jardin*. Sachant à quoi s'en tenir sur la compétence des conservateurs d'Amsterdam, il avait vivement réagi à leurs justifications dans le fax qu'il m'adresse le premier octobre 1996.

```
               fax
Pour: Ben Landais,
De:   Jan Hulsker,

Cher Ben,
Merci des coupures de presse. Quelle révélation! Le Musée VG, Louis van
T. et spécialement notre ami Sjraar van H. sont complètement impliqués
dans le scandale du Jardin d'Auvers. C'est Sjraar van H. qui a donné
l'expertise en 1999?! Son opinion en deux mots: "Le style correspondait
parfaitement à celui de Vincent à Auvers." (Quelle surprise!) Evidemment
le Musée tâche de s'y soustraire en parlant de "rumeurs" et d'une confusion.
```

Pour Me Rappaport, le rejet du *Jardin* que Mme Annet Tellegen avait confirmé par courrier dans une lettre aux conseils de la famille Vernes était sans sens. Pensez ! Le courrier n'indique pas même d'adresse et, croyez m'en, nul ne connaît cette femme ! Pour l'adresse, le courrier est bien domicilié et signé, mais, par coquetterie ou discrétion, l'en-tête est imprimé en gris perle léger. Pâlissant au gré des copies successives, il peut donner, à ceux qui prennent les répliques pour le *real thing*, l'illusion que l'attestation a été rédigée sur papier libre. Au temps pour ces gens que le fax que m'adresse Annet Tellegen le 3 juin 2001, disqualifiera au demeurant : « Mais je vais beaucoup plus loin. Je trouve que la justice est absolument incapable de juger en questions de vrais ou faux dans l'art. Il prend plusieurs années d'étude assidue et d'expérience avant qu'on est un expert dans un terrain. L'histoire de l'art est une tut autre discipline que le droit et les dix pages de l'arrêt montrent clairement que les juristes ne peuvent ni évaluer les arguments ni les personnes qui les ont prononcées ».

La maladresse que constitue l'effort pour méconnaître Tellegen, qui publiait ce mois-là un article critique sur une exposition Vincent dans le très fermé *Burlington Magazine,* est en d'une certaine façon habile. Elle témoigne d'un opportun désintérêt pour un épisode fameux et encombrant de l'histoire compliquée des catalogues raisonnés de l'œuvre attribuée à Vincent. Cette prétendue inconnue, cheville ouvrière de l'entreprise et auteur la quasi totalité des notices du catalogue de la Faille révisé de 1970, a refusé de co-signer cet l'ouvrage en raison du trop grand nombre de faux qu'il abrite.

Sait-on à quoi Annet Tellegen consacrait son labeur quand sa santé chancelante lui laissait ce répit ? A deux études. L'une pour concentrer les arguments qui lui faisaient contester l'attribution à Vincent du *Jardin à Auvers.* L'autre pour tenter de disqualifier l'indéfendable copie du *Parc de l'asile* que deux conservateurs du musée van Gogh venaient de tenter

```
Bien sur je me réjouis du petit brulôt sur le JARDIN A AUVERS que tu
veux écrire, mais je préfère que tu me cites comme 'relation anonyme'
et pas avec mon nom si tu veux citer ma phrase sur le verdict des
conservateurs du musée VG.  Je crois que je suis plus dangereuse quand
je n'attaque pas les personnes mais leur travail si c'est nécessaire.
                      t.à t.
                  Annet
Benoit Landais          .
                             Annet T.
```

de béquiller de douze pages regorgeant d'arguments et conclusions faux dans le même numéro du *Burlington Magazine*.

Ainsi pensaient Hulsker et Tellegen, les rescapés de la vieille garde vangoghienne, garde mécontente d'avoir été abusée par des toiles qu'elle avait jadis elle-même validées. Garde de gâteux brûlant ses derniers feux !, murmurait-t-on en coulisses. Du tout ! Esprits indépendants, esprits délivrés du devoir de plaire, esprits hantés par les fantômes de Vincent et habités du souci de découvrir la vérité.

L'animosité réciproque que se vouaient Hulsker et Tellegen était au demeurant restée vive, les toiles qu'ils rejetaient de conserve ne pouvaient être que fausses. Si l'un avait pu objecter blanc quand l'autre risquait noir, il n'aurait peut-être pas ménagé sa peine.

Me Rappaport fit également l'effort de disqualifier la garde montante. Antonio De Robertis fut habillé en « garagiste milanais ». Le collectionneur Richard Rodriguez, pourfendeur des faux Basquiat écoulés par la Galerie Templon qui avait opposé son « œil », devint « ancien employé de banque au chômage » – « ou, du moins, il l'a été ». Me Binoche était souffleur pour ce noble argument.

Pour récuser les quelque quinze pages de l'avis circonstancié de Mme Grossvogel, devenue l'incontournable spécialiste de Schuffenecker avec la rédaction du catalogue raisonné de son oeuvre, Me Rappaport fit montre de davantage d'inspiration. D'abord en se demandant pourquoi diable on s'était allé quérir aristarque de Schuffenecker pour disputer d'un Van Gogh... Puis, dans un effet de manches calculé, se tournant vers le conseil de la famille Vernes qui, dans sa plaidoirie avait raconté avoir dû – malgré un grand âge dont il ne faisait point secret – crapahuter jusque dans l'État de New York pour y dénicher un spécialiste dont l'esprit serait libre de la pression des institutions françaises si chatouilleuses sur le *Jardin*, le conseil de Me Binoche – après avoir signalé par parenthèse, comme si la chose se devait d'être précisée, que le Paris de l'art – à qui le faire croire ? – n'est pas devenu quelque nouveau Moscou – assassina d'un mot anglais la dame américaine : « Alors elle, c'est votre *joker* ! » Il affirma ensuite avoir vainement cherché du neuf dans cet « avis laborieux [...] manipulant les propos des autres ».

J'avais été pour ma part depuis longtemps disqualifié pour avoir, jadis, cru authentiques six dessins découverts dans une brocante à Arles, mais que Françoise Cachin avait décrétés « enfantins ». Le défenseur de Me Binoche cachait que la fonction de directeur du musée d'Orsay et le devoir de réserve y attaché ne conféraient à Mme Cachin – sauf à impliquer l'Etat à qui la plaisanterie aurait pu coûter fort cher – que le droit de se taire en matière d'expertise de biens privés. Il oubliait qu'elle n'a jamais été, révérence gardée, que par amalgame ou présomption, spécialiste de l'œuvre de Vincent. Il omettait surtout de dire que les dessins de Vincent, recalés par l'*aficionada* des œuvres des ateliers Gachet et Schuffenecker, avaient été authentifiés par expertise judiciaire décision qui, nonobstant les velléités d'abus de prétoire, devait, jusqu'à preuve du contraire, faire autorité devant les tribunaux.

Fantaisiste ou *joker*, garagiste ou chômeur, s.d.f. ou vénérable manipulé, experts bidons, telles sont les maigres troupes, cornaquées par *Le Figaro*, qui ont envahi les abords du *Jardin* mirifique. Ce sont eux les flétrisseurs du fleuron dans lequel les premiers jardiniers du royaume avaient, sans failles, vaillamment planté et cultivé des mérites d'un nouveau genre. Rien dans le dossier limpide et clair ne pouvait fonder doute.

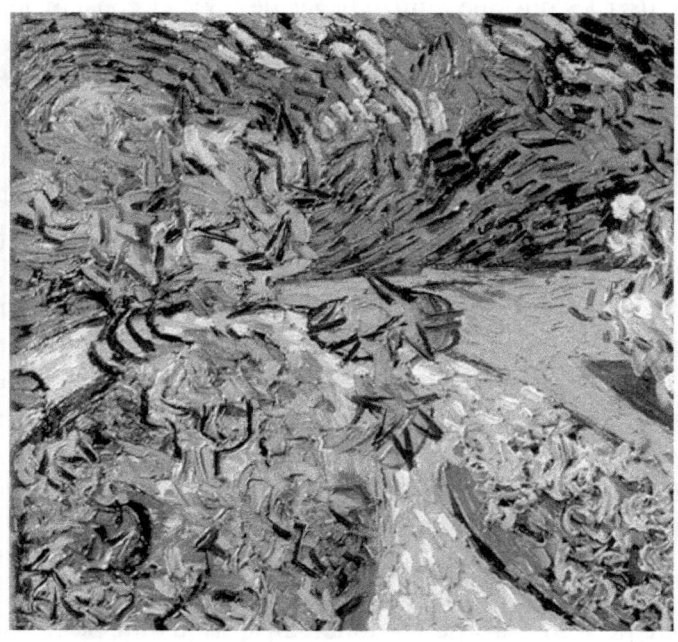

Marianne

A leur tour, les conseils de la famille Walter martyrisent le même clou, affirmant qu'il n'a pas été porté atteinte à la certitude de l'authenticité, hors, bien sûr, dans les colonnes de l'exécrable *Figaro* et chez quelques autres marchands de papiers dont l'encre est sur le champ gommée à la hussarde, mais, cette fois, pas toujours sans esprit. Et d'égrener, pour éloigner les démons et oublier les assauts des semi-noctambules semi-fantômes égarés, le chapelet des gousses d'ail qui avaient raison avec Me Binoche : Ronald Pickvance, André Schoeller, Maurice Rheims, Françoise Cachin, Anne Distel, Jacques Tajan, le musée Van Gogh, etc., etc.

Pas un des défenseurs ne s'est aventuré sur le terrain juridique choisi par le conseil de la famille Vernes. Un gouffre pourtant – que les héritiers Walter connaissaient à merveille puisqu'ils y avaient pêché les 145 millions de leur dédommagement – qui menaçait d'absorber tout l'argumentaire. En faisant de la « qualité substantielle » la pierre de touche, la raison essentielle qui avait déterminé le consentement de Jean-Marc Vernes, le bâtonnier entendait que le motif direct de l'acquisition était que la toile était bel et bien un Van Gogh garanti.

On peut le supposer, mais cela n'est pas une certitude. L'achat de Jean-Marc Vernes était lié, ainsi qu'il ne s'en est pas caché, à la perspective de « dation » à trois et quelque fois le prix d'achat (180 millions contre 57). Dès lors, l'attribution de la toile à Vincent n'était que subsidiaire, la qualité substantielle requise pour le bien acquis était ailleurs : qu'il puisse faire l'objet d'une dation. Le point de droit n'est pas badin. L'acquéreur d'un tee-shirt réellement porté par une star du *rock'n roll* peut espérer faire annuler la vente s'il peut établir qu'il l'a acquis parce qu'il avait appartenu à la star et que cette propriété se révèle incertaine, mais il ne peut espérer obtenir l'invalidation de la vente pour des motifs qui seraient valables dans d'autres contestations : propreté douteuse, vêtement en soie et non 100% coton comme supposé, taille trop grande pour soi, esthétique aléatoire ou critiquable, etc. Faute d'avoir été évoqué, le beau débat juridique sur la qualité substantielle n'a pas eu lieu. Il aurait pourtant été intéressant de savoir ce qui avait fondé le consentement. Etait-ce ou non, l'acquisition sur les conseils de l'Etat d'une œuvre qui devait être remise en dation à l'Etat avec une perspective de culbute financière *post-mortem*, du jamais vu.

Trois jours après l'audience, dans les colonnes d'un *Libération whishfull thinking* titrant : *Suite et fin de l'affaire « Jardin à Auvers*, Vincent Noce, défenseur attitré des défenseurs du *Jardin*, écrit quelques lignes pour dire le dossier aussi vide que creux et l'affaire entendue. Visiblement soulagé de la probable issue heureuse d'une cause trois ans chevauchée, il indique quels autels fleurir. Le journaliste qui a mal vu le volcan risque : « Il est vrai que le soufflé des pseudos « faux Van Gogh » monté par la presse est aujourd'hui retombé, « Jardin à Auvers » ayant été authentifié par le laboratoire des musées de France ». Il aurait été plus conforme aux ambitions premières de ce journal de rappeler que lorsque, basse police culturelle, journalistes pressés et juges se mêlent de statuer sur l'art…

Le *Journal de Arts*, alors organe d'une maison de vente d'œuvres d'art par téléphone à laquelle Me Jean-Claude Binoche est associé, publie à son tour un compte-rendu du procès. Il témoigne du même soulagement, mais est plus mesuré. Le reste de la presse se tait.

Le long délai avant le prononcé de l'arrêt – le jugement a été mis en délibéré au 7 mai – peut donner le sentiment que, indépendance de la justice oblige, la Cour préfère ne pas statuer avant que l'affaire Binoche c/ Tasset & *Le Figaro*, annoncée pour le 20 avril, ne vienne occuper les juges de la cour d'appel. Mais ce procès sera reporté à décembre.

Le 7 mai, les dépêches d'agences tombent en averse : Vente valide, jugement de première instance confirmé !

Associated Press a pris de l'avance en disant que l'arrêt de la cour d'appel, lu cinq minutes plus tôt, juge que les mandants « s'appuyaient sur des considérations « subjectives », « approximatives » voire « fantaisistes » pour poursuivre le commissaire-priseur ». *Reuters* le notera plus tard en citant sa source : « La cour a, dans son arrêt, retenu que certaines affirmations sur la non-authenticité du tableau, certifié au contraire par le laboratoire de recherche des musées de France, étaient « fantaisistes », « approximatives » ou « très subjectives », a expliqué l'avocat de Jean-

Claude Binoche, Me Roland Rappaport ».

L'agence France-Presse qui avait manqué ce point dans sa dépêche rattrape son retard et ajoute fallacieusement en tête du compte-rendu de son journal du soir: « La cour d'appel de Paris, confirmant la paternité de Van Gogh sur le *Jardin à Auvers* qualifiant de « fantaisistes » les mises en doute de son authenticité, a refusé lundi d'annuler la vente… » L'arrêt qualifie « d'allégations », la contribution de De Robertis et dit seulement qu'elles « apparaissent fantaisistes » car, les juges qui n'ont pas saisi le sens de l'argument, y voient « postulat non vérifié »; il y avait là simple constatation.

Pas un mot de travers. La Cour a dit. Honneur au gagnant. Il faut porter la voix Me Binoche satisfait malgré le refus de la Cour de lui consentir les 10 millions d'indemnités réclamés. Il a déclaré à l'agence: « jamais il n'y a eu le moindre doute dans l'esprit des connaisseurs […] Depuis le départ, tout cela est une manipulation pour attaquer un tableau de Van Gogh unanimement reconnu et respecté […] pas un seul expert au monde [ne] conteste ce chef-d'œuvre ».

Et l'article de rappeler ce qui a emporté la conviction: « Les critiques ont été formellement démentis par une expertise du Laboratoire de recherche des musées de France de juin 1999, authentifiant l'œuvre de l'artiste ». Estampille validant un étrange pastiche pouvoir habillé des oripeaux du savoir, mauvais coup répercuté par des gens de parti-pris déguisés en objectifs vecteurs de l'information !

Ne manquait que le rappel de la certitude d'airain, inoxydable moderne dans lequel le doute s'était allé dissoudre dans l'océan des certitudes. Elle fit office de conclusion: « La cour d'appel […] a suivi lundi les conclusions de l'avocat général Brigitte Gizardin, qui avait estimé que les arguments en faveur de l'authenticité l'emportaient de très loin sur ceux des détracteurs ». Dégâts de la chronique sportive avilissant les consciences et torpillant le mode de pensée, l'Agence France-Presse retenait apparemment que la défense avait dominé la rencontre que les buts marqués par l'équipe adverse n'existaient pas puisqu'elle avait perdu le match sur décision de l'arbitre.

Plus circonspect dans son compte-rendu, *Reuters*, rapporte que Me Binoche a déclaré n'avoir « jamais » douté de l'authenticité de la toile ; qu'il a affirmé : « Le tableau vaut toujours le prix que je l'ai vendu » —

l'accroc de 1996 aurait pu lui faire dire que la toile valait de nouveau « le prix que je l'ai vendu » –; qu'il a dénoncé en passant la « manipulation journalistique ». Me Binoche aurait aisément pu, sans crainte de contredit, conclure au complot international, puisqu'à Paris, New York, Toronto, Milan, La Haye ou Amsterdam…

Le dossier apparemment clos ne se clôt cependant peut-être pas. Selon Reuters, Me Rappaport a confié que son adversaire, Me Bernard du Granrut, a annoncé qu'il demanderait à la Haute cour de censurer la cour d'appel.

Le même soir, à New York, un *Jardin*, proposé aux enchères par Phillips - De Pury - Luxembourg, grimpe jusqu'à 25 millions de dollars mais le Vincent ne change pas de mains, faute d'avoir atteint le prix de réserve, préalablement fixé à 30 millions de dollars par la maison de ventes.

Le texte de l'arrêt du 7 mai connu, les premiers commentaires apparaissent tendancieux. Pour citer un exemple il suffit de rapprocher les mots de l'arrêt: « la Cour n'aura pas à dire si l'œuvre est authentique », du titre de l'article du *Monde* qui rend compte: « La cour d'appel de Paris confirme que Van Gogh est bien l'auteur du « *Jardin à Auvers*. » Cela dit, l'arrêt consigne que la partie appelante n'a pas, selon la Cour, apporté la preuve que l'attribution à Van Gogh était douteuse. On peut dire que, dans leur conclusion, les juges n'ont pas souhaité reconnaître l'existence d'un doute, mais on peut également voir, dans la rédaction même de l'arrêt, que le doute les rongeait.

Comment, en effet, si l'on est convaincu que le doute n'existe pas, peut on écrire: « après avoir abondamment disserté sur les dix raisons stylistiques qui conduisent à des doutes sérieux sur la paternité de l'œuvre, à raison des différences présentées par le tableau d'avec le style de VAN GOGH, l'auteur [Landais] affirme … » ?

On n'écrit pas non plus: « séjour de VAN GOGH à Auvers, pendant lequel il aurait aussi peint l'œuvre contestée » lorsqu'on est habité par la certitude que Vincent *a* peint le *Jardin* contesté.

Comment, si doute il n'y avait pas, pouvait-on ignorer que le doute avait déjà conduit un commissaire-priseur à l'estimer, puis à l'offrir à la moitié du prix atteint ? L'impondérable, Monsieur, nul n'ignore les « fluctuations du marché de l'art et l'on sait que les années 1995-1996 n'étaient pas parmi les plus favorables »

Comment soutenir que la remise en vente du tableau pourrait désormais s'effectuer « dans des conditions meilleures que celles du 10 décembre 1996 » sans avouer que le doute avait provoqué l'avortement de la vente et non « dénigrement » et incernables « phénomènes extérieurs » ?

Et pourquoi ergoterait-on sans fin sur le sens des étranges différences entre les notices de vente et les catalogues si les disparitions n'étaient pas toutes, par essence, synonymes de doute ?

La réalité est que les juges ont pris pour référence l'opinion des musées français comme s'il s'agissait d'un expert commis par le tribunal et qu'ils se sont sagement rangés à cet avis, créant, au mépris de l'équité, un immense déséquilibre entre les parties. Les magistrats se sont figuré, comme l'ont fait tant de gens depuis le début de cette affaire, que les moyens dont ils disposaient les mettaient en mesure de trancher et ils se sont laissés guider par la ligne de plus grande pente, la cause étant présumée entendue.

Les arguments des magistrats motivant leur décision sont en conflit entre eux, ils sont généralement d'une grande naïveté, nombre de points soulevés sont restés sans réponse et la légèreté est parfois extrême. Il aurait suffi de lire les pièces du dossier pour déjouer l'intoxication à laquelle les conseils des intimés s'étaient livrés afin de disqualifier, par exemple, le témoignage de Jan Hulsker que quarante années d'étude de Vincent, trois catalogues, une biographie, la datation de la *Correspondance* et cent études qualifiaient.

Auraient-ils seulement regardé la forme de la publication de son point de vue dans *Le Figaro*, – « propos recueillis par », saut de paragraphes, tirets, points d'interrogation aux questions, graisse différente pour les questions et les réponses –, que les magistrats n'auraient pu écrire : « les consorts Vernes invoquent aussi l'opinion du Docteur Jan Hulsker ; que toutefois, pour ce faire, ils se bornent à produire copie d'un article signé par M. Tasset qui relate les propos de cet expert ; qu'ainsi, ce n'est pas l'avis de cet expert qui est produit mais seulement la relation de cet avis par les soins d'un journaliste. » Il n'y a nulle : « relation d'avis », seulement l'odieuse désattribution d'un document aussi dérangeant qu'indiscutablement authentique.

Les motifs contredits comme la légèreté de motivation pouvaient constituer des moyens de cassation et il en était d'autres. Un nouveau suspens juridique allait s'inscrire à l'ordre du jour quand les héritiers de Jean-Marc Vernes prirent leur décision. L'arrêt ouvrait une autre issue : remettre le *Jardin* sur le marché, maintenant que le doute avait été, par arrêt de l'arbitre, stoppé. Sachant à quoi s'en tenir sur la question de l'authenticité, ils préférèrent la cassation.

Deux moyens furent retenus. Le premier reprenait ce qui avait déjà provoqué l'étonnement de Laurence Bineau-Armengaud devant la rupture de jurisprudence après le jugement de première instance « Seule une démonstration convaincante de l'absence d'authenticité du tableau pourrait entraîner la nullité de la vente, ce qui n'est pas le cas ». Il attaquait l'arrêt au fond du droit, au nom du viol de l'article 1110 du Code civil, arguant que la cour d'appel avait : « subordonné l'annulation de la vente pour erreur sur la substance à la preuve de l'absence d'authenticité du tableau et non à la preuve d'un doute sérieux quant à l'authenticité »

Dans son audience du 25 mai 2004, faisant mine de ne rien voir de coupable, la Haute cour opposa *la souveraineté de la cour d'appel* qui avait retenu que l'examen des différents éléments invoqués par les plaignants ne « permettait pas d'établir que l'attribution de l'œuvre à Vincent Van Gogh était douteuse ».

En trois branches, le second moyen tournait autour des innovations et des ellipses de la notice de provenance indiquée en 1992. La cour d'appel s'était dispensée de répondre sur le caractère fautif de la première provenance non avérée, au moment de la vente ; sur la disparition du nom de Schuffenecker présent sur le certificat d'achat et sur l'omission du retour à la galerie Caspari. La haute cour opposa de nouveau la souveraineté de la cour d'appel qui n'avait pas à répondre à une simple argumentation, sachant que Johanna Van Gogh avait cédé la toile en 1908 et que la propriété d'Amédée Schuffenecker n'était pas établie.

Tout cela paraît bien logique mais le vertige demeure. Comment une peinture, s'apparentant à un avant-projet de mémorial, chaque tumulus figuré par une stèle, en oeuf de Pâques ici, en barquette là, là, là et là, disposées à la diable sur d'inénarrables buttes devant un mur de verdure, a-t-elle pu passer pour une œuvre de la main de l'un des artistes parmi les plus respectueux de la nature, les plus soucieux « *du vrai, du possible* » ?

Comment, au vu et au su de tous, en pleine lumière, dans un pays censément féru d'art, se targuant de savoir, de culture, d'exigence artistique, de goût averti, où l'on se targue d'« œil du connaisseur », un discours d'une mauvaise foi sans nom a-t-il pu occulter une aberration et faire passer une aimable plaisanterie colorée pour le haut chef-d'œuvre de l'un des plus spontanés, des plus talentueux, des plus subtils, des plus révérés artistes de l'histoire de la peinture moderne ?

Tous ont vu, ont dit, ce *Jardin* atypique, donc douteux. On le sait inclassable malgré les efforts, on le sait tardivement surgi, mais l'incurie experte, la succession de tours pendables, les manœuvres de clercs ligués, sont parvenus à faire gober l'illusion, au pays de Descartes, que le doute était une fiction balayée par les exigences du marché.

Tout se passe comme s'il avait fallu donner quelque pesanteur aux mots que, le 3 mai 1890, cent dix ans avant que la souveraineté de la cour d'appel ne déboute la famille Vernes, Theo couchait, dans l'espoir de consoler son frère interné en partance pour Auvers-sur-Oise :

> « *Tu dis que les gens là-bas ne comprennent rien à la peinture, mais ici c'est absolument la même chose & il ne faut pas croire que n'importe où tu trouvera cela autrement que par exception. Nous avons fréquenté une cathégorie de gens, qui en ont fait leur principale occupation, mais à part ceux-là c'est de l'hébreux pour le monde & les choses simples sont encore moins compris que là où on peut se creuser la tête sur le sujet etc. J'espère que tu pourras m'écrire que tu vas de mieux en mieux et que tes projets pourront se réaliser prochainement. Ne te fais cependant pas trop d'illusions sur la vie dans le nord, en somme chaque pays a son pour & contre.* »

Index

www.ingramcontent.com/pod-product-compliance
Lightning Source LLC
Chambersburg PA
CBHW051804170526
45167CB00005B/1873

* 9 7 8 1 4 9 7 5 8 8 9 3 6 *